Cahiers
d'Humanisme et Renaissance

(anciennement Etudes de philologie et d'histoire)

Vol. 57

www.droz.org

DANIÈLE DUPORT

LES JARDINS
QUI SENTENT LE SAUVAGE

RONSARD
ET
LA POÉTIQUE DU PAYSAGE

LIBRAIRIE DROZ S.A.
11, rue Massot
GENÈVE
2000

T

ISBN: 2-600-00404-1
ISSN: 1422-5581

A Jean Céard

INTRODUCTION

Divines Sœurs, qui sur les rives molles
De Castalie et sur le mont Natal,
Et sur le bord du chevalin crystal
M'avez d'enfance instruit en vos escoles [...][1].

[...] S'il est vrai que j'ai des Graces
Cueilli les fleurs dans leur pourpris[2].

Les reflets de la nature que sont les paysages antiques livrent l'image de l'être inspiré, du poète divin, profondément uni à la nature divine, faisant corps avec les flux et les souffles qui la parcourent. L'inspiration et l'excellence poétique trouvent leur origine, leur cheminement et leur fin dans l'attraction pour tous ces lieux habités par les Muses. A l'école des paysages, le grand art sait communiquer à ces vues sauvages ou agrestes la correction du sublime. Comme Virgile avait suivi Homère, Hésiode et Théocrite, ceux qui avaient la plus haute conscience de leur vocation à la Renaissance, se plurent à leur tour à ce double exercice de reproduction et d'invention. Parmi les topiques récurrentes dans la littérature du XVIe siècle, aucune, peut-être, ne figure en si bonne place que le paysage et le jardin. Le lecteur d'aujourd'hui peut s'en étonner, mais, dès l'Antiquité, l'admiration des modèles désignait déjà ces lieux communs à l'imitation.

Les Italiens, les néo-Latins et les poètes en langue française ont multiplié les paysages. Mais cette nature imitée appartient plus à un idéal poétique qu'à l'ordre naturel. On peut se demander si, plus que la volonté de parvenir à copier la vraie nature, ce n'est pas la rivalité, le désir d'atteindre au faîte du Parnasse, qui suscite l'émulation poétique. Aussi chanter les saisons de l'an et leurs travaux, d'inspiration géorgique, ou les paysages variés de la bucolique, équivaut à l'acte poétique par excellence, qui souvent a oublié la nature, son référent avoué.

Si l'on considère la diversité qui s'offre au regard, le paysage exhibe les artifices naturels, le jardin ceux du jardinier. Du côté de la transposi-

---

[1] « Vœu », éd. Gallimard, t. I, p. 19 ; éd. P. Laumonier, t. IV, p. 4.

[2] « A Joachim Du Bellay angevin », *Le Troisiesme Livre des odes*, éd. P. Laumonier, t. II, p. 37. Les vers sont supprimés de l'édition de 1584. Ces deux passages ont été volontairement choisis dans les premières œuvres.

tion littéraire, il va sans dire que les jardins et les paysages témoignent des pouvoirs de la poésie. Quand le petit jardinet de poésie, qui, souvent dans l'épître, célèbre la fertilité et la perfection poétique, assimile le poète au jardinier, le paysage convoque, pour sa part, les talents d'un autre type de jardinage qui approcherait l'art divin. Les deux métaphores comparent les choix et les mérites de deux arts divergents. Le jardin affirme le primat de l'art sur la nature : là règne la technique faite d'affrontements et de résistances, car le matériau doit être discipliné par un exercice constant. Là prévalent aussi l'imitation et donc l'émulation. Tout jardin de poésie présuppose une continuelle compétition avec la nature et les modèles qui l'ont interprétée, tandis que le paysage masquerait l'art sous les apparences d'un naturel savant. Les deux métaphores ne suggèrent pas moins une grande maîtrise des techniques qui se montrent dans le jardin et se dissimulent dans le paysage. Deux métalangues, deux rapports différents de l'art avec la nature, mais une même pratique sur le chemin de la perfection poétique, car jardins et paysages s'inscrivent dans le débat rhétorique traditionnel, *natura, ars, exercitatio*. En ses leçons de style présentées à l'entourage de Laurent de Médicis, Ange Politien use de toutes les ressources virgiliennes lorsqu'il décrit l'activité rigoureusement réglée du jardin géorgique dans *Rusticus* et les douceurs de la vie bucolique dans *Manto*[3]. Chanter les travaux de la terre ou ceux du beau paysage pastoral réclame autant de savoir-faire. A la suite de Quintilien[4], Jacques Peletier signifie les difficultés de la poésie par le jardin de profit, économe de ses moyens, bien ordonné, préférable au pré émaillé de fleurettes[5]. Exemple qui prouve que toute poésie, quelle qu'elle soit, exige travail, sélection, discipline, que le jardinage poétique concerne tous les styles, tous les genres, tous les domaines abordés. Métalangue polysémique, le signe peut désigner toute transcription poétique, la métamorphose délicate du matériau premier. De plus, le lieu commun du jardin définit tantôt l'acte poétique et la technique, tantôt des poétiques différentes : l'une met en lumière les procédés, affiche les artifices, de la même façon qu'un jardin géométrique contraste avec le laisser-aller du paysage environnant ; l'autre choisit un jardin moins raide où la marque du jardinier disparaît pour mieux imiter la nature. Ainsi, certains poètes vont s'emparer du négligé apparent du paysage sauvage pour revendiquer le grand art, non sans mépris pour ces jardiniers habiles, fiers de leurs recettes, alors que la nature, dont les pre-

---

[3] A. Politien, *Silves*, trad. et commenté par P. Galand-Hallyn, Paris, Les Belles Lettres, 1987.

[4] Quintilien, *Institution oratoire*, VIII, 3.

[5] J. Peletier, *Art poétique*, (1555), dans *Traités de poétique et de rhétorique de la Renaissance*, introduction et notes de F. Goyet, Paris, Le Livre de Poche classique, 1990, I, 9, pp. 272-273.

miers se réclament, sait orner à l'excès ou avec économie, sans rien révéler de ses processus décoratifs.

Les lieux communs du paysage et du jardin ne peuvent se penser l'un sans l'autre. Ils se repoussent, s'aimantent et se défient dans l'attirance qu'ils manifestent pour la diversité de la nature et les possibilités de sa représentation. Au centre de ces choix surgit la question cruciale de la variété dans l'imitation de la nature : l'ordre visible du jardin, la construction invisible et en apparence désordonnée du paysage naturel peuvent en effet, à loisir, accueillir l'abondance de la nature ou l'économie de moyens qu'il lui arrive de manifester. Éparpillés ou parties constituantes des œuvres au XVIᵉ siècle, ces lieux communs doublent les revendications des arts poétiques en matière d'imitation. On les retrouve encore associés aux divisions de la rhétorique, à l'invention, à la disposition et à l'élocution. Dès lors qu'ils se présentent comme un exercice d'imitation des Anciens et qu'ils revendiquent toujours une poétique, leur seule étude suffit à faire la différence entre la « transplantation » pure de l'élément antique et sa « greffe » sur un arbre et un sol nouveau, si l'on reprend les métaphores de la *Deffence et illustration*. Or, ces métalangues, et n'y aurait-il qu'elles, mettent au jour la place éminente de Ronsard qui a bien promis d'emprunter des « sentiers inconnus »[6]. Les paysages et les jardins deviennent chez lui des *topoï* où l'imitation voudrait, parfois aussi, se mesurer à la vitalité de la nature elle-même.

En dehors de toute présentation dogmatique, les paysages de Ronsard, tels que les dévoile la chronologie des œuvres, recomposent, d'emprunts en refontes plus personnelles, le parcours de l'imitation à l'épreuve des contingences artistiques, historiques et personnelles. Plus qu'une mosaïque d'exercices de *translatio* ponctuels, les paysages se constituent en système. Les premières allégeances aux maîtres antiques s'assortissent d'allusions vagues à leurs paysages dès la préface des *Quatre Premiers Livres des odes*. Puis, l'amour personnel de la nature, toujours revendiqué pour sa conformité avec le penchant poétique et la détermination astrale, conforté dans l'imitation des modèles littéraires et des systèmes philosophiques, culmine avec les hymnes[7], alors que s'espacent et disparaissent peu à peu, surtout après 1569, ces images emblématiques de l'inspiration et du travail. L'optique choisie conduit donc à lire tous les textes où se présentent les lieux du paysage et du jardin comme des commentaires de

---

6   Ronsard l'écrit dans le texte liminaire des *Odes* de 1550. Il entend par là, conjointement, la voie nouvelle des odes transposées en langue française, la fameuse « inconstance » de Pindare et l'imitation d'Horace.

7   Dans la révision générale de son œuvre Ronsard regroupe Le Premier Livre des hynnes, Le Second Livre des hynnes et *Les Quatre Saisons de l'an*.

la poésie et de son pouvoir de représenter la nature. Ainsi s'élabore, par la
métalangue paysagère, un art poétique discret, mais très vivant, d'une
grande cohérence, amené à évoluer dans le temps[8], un art où le génie
imprime sa marque au lieu commun.

---

[8]   La métalangue paysagère se découvre donc dans le respect de la chronologie, et,
        à ce titre, l'édition de Paul Laumonier s'avère un outil précieux. Toutefois,
        conformément aux choix et corrections de Ronsard, le texte définitif de 1584 sera
        retenu pour les citations. Nous donnons donc d'abord les références dans cette
        ultime version retenue pour l'édition de Gallimard, établie et présentée par Jean
        Céard, Daniel Ménager et Michel Simonin. Nous les faisons suivre par celles de
        Paul Laumonier. Les numéros des vers et le texte sont conformes à l'édition de
        Gallimard.

PREMIÈRE PARTIE

LA POÉTIQUE DE L'ABONDANCE ET DE LA VARIÉTÉ

L'HÉRITAGE ANTIQUE

Le paysage des styles

L'Antiquité a élaboré ces métaphores de l'art poétique qui rappellent, qu'avant toute chose, le grand poète imite la nature. De leur origine antique les paysages et les jardins conservent une autre fonction que les manuels d'éloquence se sont employé à définir. Dans les *artes dicendi*, les métaphores paysagères commentent tantôt une bipartition des styles, hiérarchisés en style bas et élevé[1], tantôt une tripartition en styles grave, intermédiaire et humble[2]. Ces types d'éloquence[3], dont le grand orateur use en fonction de son sujet, doivent s'adapter au contenu du discours en vertu de la convenance[4]. Ainsi tel sujet requiert les procédés de l'abondance, de la véhémence et de la variété – le style élevé –, tel autre demande une parure de fleurs – le style intermédiaire –, tel autre enfin veut la brièveté et la sécheresse du style humble[5]. Derrière ces distinctions transparaît le champ inépuisable de la variété contrastée du monde, qui toujours sert de canon à celle de l'éloquence et a suggéré l'idée de cette triple variété. Le flux du discours doit savoir emprunter toutes les nuances qui distinguent les débits du fleuve et du ruisseau, toutes celles qui opposent abondance et brièveté, floraison et sécheresse. Sur le modèle de l'éloquence, la poésie

---

[1] Aristote, *Rhétorique*, III, 7, 10-15, 1408 a.

[2] *Rhétorique à Herennius*, IV, 8, 11 ; Cicéron, *De oratore*, III, 45, 177 ; *Orator*, 5, 20-21, 23, notamment.

[3] Cicéron, *Orator*, XXIII, 75. Marc Fumaroli expose les caractéristiques des trois styles dans *L'Âge de l'éloquence*, Genève, Droz, 1980, pp. 54-55 : le style humble, version cicéronienne de l'atticisme, s'accommode de la *neglegentia diligens*, de la clarté, de l'absence d'ornement et de la convenance. Le style moyen « recueille l'héritage asianiste » ; il veut la *suavitas*, l'usage des tropes, « s'appuie sur l'imagination et engendre la délectation. » Le style élevé, supérieur aux autres, rassemble toutes les qualités.

[4] *Ibid.*, XXVIII, 100. Pour toutes ces distinctions, que nous simplifions à l'excès, on peut lire l'étude qu'en propose Jean Lecointe aux pages 136 et suivantes de *L'Idéal et la différence. La perception de la personnalité littéraire à la Renaissance*, Genève, Droz, 1993.

[5] Nous nous servons d'un passage de Cicéron dans l'*Orator*, V, 20-21.

entend s'inscrire dans le monde et obéir aux principes naturels. L'acte
poétique procède des mêmes flux, des mêmes travaux de métamorphose
opérés par la nature. Croissance, différenciation, ornementation, prolifération, organisation, ralentissement commandent la nature et le texte.

Les arts poétiques ont donc repris cette distinction des styles, magis-
tralement illustrée par Virgile dans son œuvre tripartite: les trois types
d'éloquence y deviennent les trois amples paysages poétiques que l'on
sait. Ensuite le Moyen Âge, voulant systématiser une hiérarchie des styles
à partir du modèle virgilien, a attribué, de façon plus rigide, à chaque style
un paysage propre: ainsi le sublime s'accorde avec un paysage grave et
hautain, le style intermédiaire avec la terre cultivée ou le potager,
l'humble avec la prairie et le bois[6]. Les rhéteurs, les poètes antiques, et les
théoriciens qui leur succédèrent, ont désigné à la sagacité des imitateurs le
paysage en sa variété comme le paradigme obligé. Le paysage et ses degrés, entre autres lieux communs, sont devenus des exercices scolaires[7] où
très vite s'affirme, à la Renaissance, l'attrait particulier pour la bucolique.
L'apprentissage de la perfection passe essentiellement par ce type et, à ce
titre, envahit les poésies néo-latine et française au XVIe siècle. Le paysage
et le style humbles de l'idylle grecque, de Virgile et d'Horace sont promus
à la première place. Ainsi les *Silves* de Politien relèvent de ces exercices
d'imitation: les paysages d'Homère et de Virgile enferment l'essentiel du
génie stylistique des maîtres[8]. Imitant Virgile, Politien découvre l'abondance et la grandeur égales des tâches agricoles et de la vie pastorale[9].
Avec une même ferveur il exalte la géorgique et la bucolique qui connaî-
tront une fortune diverse, tantôt unies comme deux versions du style bas,
tantôt opposées en une nouvelle hiérarchie où le paysage bucolique, d'essence sacrée, est hissé très au-dessus de l'art plus humain du jardin.

Les modèles du paysage sacré

D'Homère à Horace, les modèles de paysages et de jardins, où l'art
commente ses artifices et ses choix, ne manquent pas[10]. Dans les antres et

---

[6]   E. Faral, *Les Arts poétiques du XIIe et du XIIIe siècles*, Paris, Champion, 1958,
      p. 87. Jean de Garlande représente les styles sur une roue où s'inscrivent les
      caractéristiques de chacun.

[7]   En témoignent les *Praeexercitamenta* de Priscien, les arts poétiques médiévaux
      ou les leçons de style que sont les *Silves* de Politien. Erasme, dans *De la double
      Abondance*, préconise la pratique des lieux communs au livre II, *Opera omnia
      Desiderii Erasmi Roterodami*, North-Holland-Amsterdam-New York-Oxford-
      Tokyo, 1988.

[8]   A. Politien, *Silves*, éd. cit.

[9]   *Ibid.*, *Rusticus* et *Manto*, éd. cit.

[10] Ces modèles ont été recensés et analysés par Perrine Galand-Hallyn dans *Le
      Reflet des fleurs*, Paris, Droz, 1994, chapitre II, par Michel Simonin dans «'Poé-

les jardins de l'*Odyssée* Homère propose toutes les nuances dont se pare la *mimesis* de la nature: du naturel très maîtrisé – l'antre de Calypso –, à l'artifice absolu des jardins d'Alcinoos[11]. Après que Pindare eut évoqué de façon concise «le champ des Grâces», et Théocrite fixé les composantes nombreuses et plus réalistes du paysage pastoral, Virgile, emboîtant le pas aux rhétheurs, détermine les trois catégories de paysages et de styles: la nature bucolique, humble et souple; ensuite le paysage métamorphosé en jardin par un travail difficile, mais ô combien productif, puisqu'il décuple la richesse naturelle; enfin, le paysage altier de l'*Énéide* dont la grandeur sacrée provoque le frisson. Mais, dans la tripartition effective, Virgile nous apprend que chaque paysage, avec ses moyens, doit user de tous les styles et ainsi toucher au sublime. A le lire, il apparaît que la variété et l'abondance ne sont pas plus l'apanage du style élevé que la brièveté celui de la bucolique, dès lors que, par des procédés idoines, le langage poétique polit chaque style pour le conduire vers sa propre excellence. Macrobe conclut, dans les *Saturnales* que Virgile a porté chaque style à une perfection capable d'accueillir la diversité des deux autres[12]. Il y a bien trois paysages différents, mais plus de hiérarchie. Quant à Horace, par l'évocation concise de la petite terre où il attire la palpitation du sacré, à son tour, il contribue à grandir le «stile dous»[13].

A ces paysages il faudrait ajouter une autre métalangue paysagère, celle de l'antre, que la Renaissance néo-platonicienne ne pouvait ignorer,

---

sie est un pré', 'Poème est une fleur': métaphore horticole et imaginaire du texte à la Renaissance», *La Letteratura e i giardini*, Atti del Convegno Internationale di Studi di Verona-Garda, 2-5 octobre 1985, Florence, L. S. Olschki, 1987. Voir aussi Danièle Duport, *Le Jardin dans la littérature française du XVIᵉ siècle*, thèse soutenue à Nanterre, en novembre 1997, sous la direction de Jean Céard.

[11] Nous renvoyons ici à l'étude détaillée des divers héritages grecs et latins dans le chapitre «Fleurs et paysages métaphoriques»: Danièle Duport, *Le Jardin dans la littérature française au XVIᵉ siècle, op. cit.* Tous les sujets abordés de façon très elliptique dans ces pages sont de même approfondis dans cette thèse. L'évocation rapide des modèles, dictée par le souci d'aller à l'essentiel, ne suggère ici que les maillons.

[12] Macrobe, *Saturnales*, V, 1, 19, trad. de Perrine Galand-Hallyn dans «Maître et victime de la 'docte variété', l'exégèse virgilienne à la fin du Quattrocento», *Virgile*, revue *Europe*, n° 765-766, Paris, janv. fév. 1993.

Et certes, si tu examines attentivement l'univers lui-même, tu découvriras une grande similitude entre cette œuvre-ci qui est divine et cette œuvre-là qui est celle d'un poète. En effet, l'éloquence de Maron, conforme à tous les désirs, est complète, tantôt brève, tantôt abondante, tantôt sèche, tantôt fleurie, tantôt tout à la fois, alternativement douce et impétueuse; pareillement, la terre est ici riante avec ses moissons et ses prés, là hérissée de forêts et de roches, ailleurs aride parmi les sables, ailleurs irriguée de sources, et d'un autre côté s'ouvre sur la vaste mer.

[13] Ronsard, «Le Houx», éd. Gallimard, t. II, p. 787, v. 15; P. Lmn, t. VI, p. 135.

et qui chez Homère, Ovide et Properce évoque, avec des nuances diverses, l'enfantement souterrain de la perfection.

COPIA ET VARIÉTÉ

Lorsque, au milieu du XVIe siècle, les arts poétiques énoncent les moyens de la fertilité textuelle, les métaphores horticoles[14] reparaissent: jardinier du texte, le poète doit lui appliquer les mêmes soins qu'à l'arbre sauvage apprivoisé par la greffe et soumis aux variations des saisons[15]. Un vaste mouvement d'allégeance à l'Antiquité détache le poète du verger et du printemps médiévaux[16]. La poésie est engendrée par des mécanismes équivalents à ceux de la nature et, par conséquent, le renouveau poétique, partout attendu, cherche ses recettes dans la nature. Boccace[17], puis Erasme[18] préconisent un style abondant et varié. De plus, au XVIe siècle, le modèle naturel trouve une caution philosophique non seulement chez Cicéron pour qui la variété à l'œuvre dans l'univers acquiert sa forme supérieure dans la parfaite éloquence, mais aussi dans la théorie ficinienne de la fureur irrigant le monde, qui joue un rôle éminent dans le retour vers la nature.

La nature est le modèle. Et, avant Ronsard, quelques poètes en langue française proposent des choix nouveaux. Dans *La Concorde des deux langages*, dès 1511, Jean Lemaire de Belges renouvelle le motif médiéval du printemps au verger par la *copia* et la variété héritées de Boccace et des théories néo-platoniciennes de la double fureur amoureuse et poétique. Nourri par la sève, le poème croît et bourgeonne à l'image de l'énergie générative qui ne demande qu'à pousser et à fleurir. Du côté de Marot, dans l'«Eglogue au Roy»[19], c'est tout l'héritage virgilien de la géorgique et de la bucolique qui fait découvrir dans le verger des richesses inconnues, au rythme des saisons et des travaux techniques, et s'ouvre aussi sur

---

[14] Elles sont empruntées, notamment, aux fleurs de Cicéron et au jardin en quinconce de Quintilien. Du côté italien, Marc-Jérôme Vida, dans sa *Poétique* publiée en 1527, et Sperone Speroni dans *Le Dialogue des langues* de 1542, développent la métaphore horticole.

[15] Les arts poétiques traitent de ces questions: Peletier du Mans, *Art poétique*, (1555), dans *Traités de poétique et de rhétorique de la Renaissance, op. cit.* et Du Bellay, *Deffence et illutration*, éd. H. Chamard, Paris, Didier, 1961.

[16] Pour les transformations plus spécifiquement médiévales du lieu commun, nous renvoyons au chapitre «Fleurs et paysages métaphoriques» dans *Le Jardin dans la littérature française de la Renaissance, op. cit.*

[17] Boccace, *De genealogia deorum*, Bari, éd. V. Romano, 1951.

[18] Erasme, *De duplici copia verborum ac rerum commentarii duo*, éd. cit.

[19] Marot, «Eglogue au Roy, soubs les noms de Pan et Robin», 1539.

le paysage alentour. Le style bas s'enrichit considérablement des nuances nouvelles de la variété.

Chez Ronsard, l'exigence de variété, clamée dès le premier avis au lecteur en tête des *Quatre Premiers Livres des odes*, emprunte sa vision de la nature à d'autres modèles. Aux détracteurs de la nouveauté Ronsard oppose en effet Pindare[20]. De la nature il retient la « copieuse diversité », la métamorphose continuelle, le rythme, puisqu'elle lui paraît « inconstante, et variable en ses perfections »[21]. Son regard doit ensuite à Horace[22] qui lui apprend la simplicité non moins sacrée de la nature. Semblable à la profession de foi marotique, l'« Hymne de l'Automne » rappelle le primat de la nature aux sources de l'expérience poétique. Le rapprochement de l'« Hymne de l'Autonne » et de l'« Eglogue au Roy », suffirait à distinguer dans leur manière deux esthétiques paysagères théoriquement fondées sur l'imitation de la nature : Clément Marot, dès le début, élit un paysage composite emprunté à la bucolique et à la géorgique, et penche pour une nature qui fait aussi la part d'un quotidien non sacré, tandis que Ronsard élève d'emblée le même paysage jusqu'aux hauteurs du souffle divin qui l'irrigue. Il choisit assez vite la bucolique grandie par les divinités pour « éterniser »[23] les accords harmoniques du lieu sacré dans un mariage de Pindare et d'Horace.

Tout au long de cette étude, il deviendra de plus en plus évident que l'intérêt pour le paysage conduit à préciser l'idée reçue selon laquelle le paysage et le jardin seraient de pures métaphores. Les fleurs et les paysages des styles relèvent bien de temps en temps de ce procédé, en particulier dans l'épître. Mais leur relation avec le poème s'étend bien au-delà de la simple ressemblance. Le texte n'est pas comme une fleur, un jardin ou tel paysage. Au contraire, la production textuelle et les processus naturels partagent la même essence, idée profondément revivifiée au XVIe siècle par le néo-platonisme. Dans ce cas, la relation entre les deux lieux communs et la poésie tient davantage de la métonymie.

La nature se définit par son abondance et sa variété, termes qui peuvent paraître synonymes, mais qu'Érasme distingue. A l'amplification assurée

---

[20] Ronsard, « Au Lecteur », *Quatre Premiers Livres des odes.*

[21] *Ibid.*, éd. Gallimard, t. I, p. 994 ; éd. P. Lmn., t. I, p. 47.

[22] Les caractéristiques du paysage ronsardien et le discours sur le jardin sont étudiée plus loin dans « Paysages et jardins de Ronsard ».

[23] Ronsard, « A sa Muse », éd. Gallimard, t. I, p. 926 ; éd. P. Lmn., t. II, p. 152-153.

      Je voleray tout vif par l'Univers,
      Eternisant les champs où je demeure
      De mes Lauriers honorez et couvers : ·
      Pour avoir joint les deux Harpeurs divers
      Au doux babil de ma lyre d'yvoire,
      Qui se sont faits Vandommois par mes vers.

par l'abondance, la diversité apporte l'indispensable différenciation sans laquelle s'installe la redondance[24]. La variété du style est très justement évoquée, chez Jacques Peletier, par un paysage contrasté, stérile ou fertile, sévère ou plaisant, sec ou humide[25]. La beauté naît aussi de la nécessité d'user dans chaque style de tous les degrés de l'abondance et de la diversité, savant mélange pratiqué par Virgile, noté par Macrobe et repris par Peletier[26]. De surcroît, une autre distinction qui ne concorde pas nécessairement avec la tripartition des styles, vient s'y superposer : abondance et diversité peuvent être amplifiées ou contractées à volonté. Ainsi, en reprenant les exemples précédents, l'abondance et la variété de Jean Lemaire, dans la description des atours de Vénus, s'opposent à celles de Marot, adepte de plus de retenue, et diffèrent de celles de Ronsard, très contrôlées en vue du naturel, surtout à partir du *Bocage* de 1554. Cette distinction quantitative, entre un paysage à la richesse ostentatoire d'un côté et une abondance qui relève du grand art de la suggestion de l'autre, finit par se substituer aux trois styles. Il est utile de noter que Ronsard, qui ne boude pas une nature généreuse en ornements dans « Le Voyage d'Hercueil », choisit dans « A Calliope » et dans « De l'Election de son sepulchre » une poétique de l'économie vers laquelle il se dirige de plus en plus.

Dans l'imitation des saisons et de l'un ou l'autre paysage antique, dans l'étalage des procédés de croissance et de fleurissement qui accompagnent cette imitation, la question de la manière ne manque pas de soulever celle du contenu. Comment peindre, selon le mode fleuri ou le mode sobre, selon l'alexandrinisme ou selon les préceptes d'une beauté proportionnelle à la rareté des effets[27] ? Que peindre ? Lemaire ne peut se limiter à la seule parure du monde, il devine en elle les effets d'un puissant mouvement invisible, de cette même fureur qui l'emporte[28]. Mais, en

---

[24] Érasme, *De la Double Abondance*, Commentaires I, 2, 3, 4, 5, 6, plus accessibles dans *Œuvres choisies*, présentation, traduction et annotations de Jacques Chomarat, Paris, Le Livre de Poche, 1991.

[25] Jacques Peletier, *Art poétique*, II, 8, éd. cit., p. 314.

[26] Macrobe, *Saturnales*, V, 1, 19.

[27] Les partisans d'une poésie plus ornementale se réclament de l'alexandrinisme et du culte de la variété au détriment de la convenance : ils trouvaient leur théorisation chez Hermogène (*L'Art rhétorique*, trad. et notes de M. Patillon, Paris, L'Age d'homme, 1997) puis chez Georges de Trébizonde (*Rhetoricum libri V*, Bâle, Valentin Curio, 1522). L'atticisme cicéronien et le contrôle des effets prôné par Quintilien sont recommandés par Jacques Peletier dans son *Art poétique*, I, 9, éd. cit., pp. 272-273 : le jardin en quinconce, que Peletier reprend à Quintilien, où chaque arbre a une place en vue de l'utile, est beau de surcroît. Les élans et les obscurités des premières pièces de Ronsard sont stigmatisés indirectement. Par la suite, après avoir goûté aux suavités d'Anacréon, Ronsard opte pour plus de sobriété.

[28] J. Lemaire, *La Concorde des deux langages*, (1511), Paris, Droz, 1947.

général, les poètes s'attachent à l'abondance et à la variété, aux ornements de la nature plus qu'aux principes qui les meuvent. Et c'est encore Ronsard qui éclaire ce problème posé par les degrés de l'imitation. Pour lui, abondance et variété ne se réduisent ni à la juxtaposition ni à l'accumulation[29], mais à la saisie d'une réalité dans sa continuelle tension vers une autre forme[30]. Ainsi le choix du style et du paysage se trouve largement déplacé vers la nouvelle alternative entre la variété statique et la variété dynamique, vers ce qu'il appelle, à plusieurs reprises, les «secrets» de nature[31].

Sous les règnes de François Ier, et surtout de Henri II, la littérature encomiastique, comme le cérémonial de l'entrée royale, chantent le retour de l'abondance, tandis que les arts poétiques français répertorient les moyens de rendre prospère la terre stérile et s'enthousiasment aux premiers indices de fertilité[32]. L'imaginaire élit les figures de l'excellence littéraire: les fleurs, les couronnes antiques de la perfection poétique et le paysage contrasté des styles. Les images disent aussi, en profondeur, la volonté de s'approprier les processus de renouvellement et de métamorphose de la nature, de penser l'art comme une peinture, mais plus encore comme une imitation qui intégrerait les mécanismes naturels. Transplantation, élagage, greffe de l'arbre français, travail de la terre, par ces gestes de fructification la Renaissance met plus que l'Antiquité l'accent sur le labeur du jardin afin d'égaler, voire de dépasser par des greffes nouvelles la fertilité et la gloire antiques. Avec ces figurations poétiques de la tension vers la forme parfaite, le XVIe siècle aime celle de la variété prodi-

---

[29] L'inspiration, comme l'abondance de la terre, procède par énumération et accumulation chez Du Bellay. Si on peut objecter aux «Vœux rustiques» que sont «A Cérès, à Bacchus et à Palès», et «Sur le mesme subject» d'être largement traduits du néo-Latin Navagero, la démonstration sera probante avec un poème plus personnel, «Chant de l'amour et du printemps». Du Bellay se tient à la peinture de la variété.

[30] C'est le cas de presque tous les paysages de Ronsard. On peut trouver quelques exceptions, quoique l'évocation statique accueille au moins, avant de se clore, un élément mobile. «Discours à Jean Morel, Ambrunois» et «Discours à Loys Des Masures» échappent à la règle, mais c'est afin de mettre l'accent sur la diversité, le droit à imiter «en ce point Nature ingénieuse» (vers 97, «Discours à Jean Morel, Ambrunois» ou de revendiquer la liberté totale contre les détracteurs dans le second texte. «Discours à Jean Morel, Ambrunois», éd. Gallimard, t. II, p. 821; éd. P. Lmn., t. VII, p. 225; «Discours à Loys Des Masures», éd. Gallimard, t. II, p. 1017; «Elegie à Loïs Des Masures tournisien», éd. P. Lmn., t. X, p. 362.

[31] Dans l'«Hynne de l'Hyver», éd. Gallimard, t. II, p. 570, v. 54 ou Lmn., t. XII, p. 68, Ronsard distingue de la philosophie qui décrit le monde sublunaire celle qui interroge les «secrets» de la nature dans le ciel. A lire les hymnes, il apparaît que la poésie embrasse le champ des deux philosophies.

[32] Voir «Du traité d'agriculture au jardinage littéraire», D. Duport, dans *Le Jardin dans la littérature française du XVIe siècle*, op. cit.

guée par les saisons de l'année. De ce cheminement métaphorique il faut retenir surtout les tâches jardinières du poète, jardinier et paysagiste, soucieux de comprendre les processus de la génération et les moyens de représenter le monde. C'est pourquoi, il semble qu'à travers ces images de l'acte poétique et démiurgique se devinent les fragments d'une pensée mythique qui éprouverait en ses métaphores la volonté et les moyens d'aller vers une renaissance de la *mimesis*. De la même façon s'expliquerait l'attraction insistante, chez Ronsard en particulier, pour certains mythes qui deviennent d'autres mises en images de la fabrication du texte, de véritables fables de la création. A l'appui de ces remarques, il faut ajouter que ces *topoï* – qui ne sont pas seulement des métaphores, mais des lieux rhétoriques où s'élabore l'argument – s'évanouissent des arts poétiques du XVIIe siècle, comme si, ayant atteint une maturité, le discours théorique ne sentait plus la nécessité de ces recettes empruntées à la nature[33]. Dans les textes non théoriques, s'il a encore une fonction métalinguistique au XVIIe siècle, le paysage renseigne sur le nouveau discours de la variété qui exalte chez les baroques et les précieux les infinis miroitements du style. Paraîtrait-il décrit pour lui-même, qu'on y découvrirait la belle nature réinterprétée par les poètes de la Renaissance, celle qui relie en un dialogue non interrompu Titien à Niccoló Dell'Abbate et à Poussin.

MYTHES DE L'ABONDANCE
ET DE LA VARIÉTÉ CHEZ RONSARD

La Renaissance, comme le monde antique, voit en certaines divinités l'emblème des différents paysages et des saisons. Vénus, Flore et Nature règnent sur la végétation émue par le printemps; Cérès, Vertumne et Pomone symbolisent l'été ou l'opulence des terres cultivées de blés, les vergers et les potagers; Bacchus règle la fructification de la vigne et commande l'automne. De ce fait, certaines fables mythologiques de l'abondance se lisent bien souvent comme des mythes de la production textuelle. Le mythe donne accès au temps des origines et le miracle de la création coïncide avec celui de l'émergence de l'œuvre poétique[34]. Ces allégories, pour l'homme de la Renaissance, enferment un véritable pouvoir de révélation. Se dessine certainement aussi, par le recours à la mythologie, le désir de revenir à la «naïveté» partout recherchée. Il est donc impossible de séparer certains mythes d'avec le paysage métalinguistique qu'ils

---

[33]   Par exemple chez Vauquelin de la Fresnaye, *L'Art poetique françois*, 1605, *op. cit.*

[34]   Voir Guy Demerson, *La Mythologie classique dans l'œuvre lyrique de La Pléiade*, Genève, Droz, 1972.

rejoignent dans cette fonction; encore moins de les rendre étrangers au précepte de la *copia* dans la mesure où ils mettent en récit les mécanismes naturels de destruction et de construction de l'univers. Dans *La Concorde des deux langages*, Jean Lemaire de Belges fait dépendre deux types d'abondance de Vénus et de Minerve: la première enfante un paysage-jardin copieusement fleuri, parfumé, qui vibre de la réunion de toutes les divinités présidant à la génération; la seconde saisit et trie comme la quintessence de chaque manifestation du printemps qu'elle dispose et ordonne entre les murs d'un jardin. Vénus dilate, Minerve concentre. Malgré une soumission encore évidente des dieux et des divinités classiques au moule de l'allégorie – car Vénus tient encore un peu de Volupté et derrière Minerve se profilent plus nettement Vertu, Justice et Félicité –, la rupture avec les mythes médiévaux est consommée. Le Dieu Amour, en son verger printanier, s'efface pour laisser place à l'entrée en force des mythes antiques de la création. Vénus, au premier chef, et son cortège reparaissent, d'autant plus facilement que l'amour courtois les avait longtemps remplacés aux côtés du poète, sans les évincer tout à fait. De plus, le néo-platonisme qui imprègne *La Concorde des deux langages* les impose à son tour.

En même temps que la poésie s'essaie à imiter une nature plus diverse, fût-elle celle des paysages antiques, et à comprendre les recettes de la variété chez les modèles, le retour aux sources s'assortit d'un souci d'exactitude archéologique, pourrait-on dire, à l'égard des divinités qui expliquent les métamorphoses du monde[35]. Il convient donc de représenter les dieux plus correctement que la fable moralisée gothique ne l'a fait.

La métalangue du printemps médiéval, revue au XVe siècle, et qui à l'occasion peut ressurgir ensuite, est donc reléguée au profit de mythes antiques de la création. Par leur plastique, leur malléabilité, leurs possibilités de dilatation à l'infini, ceux-ci répondent aux aspirations nouvelles de la variété. L'époque médiévale a forgé son propre mythe du printemps doublé de celui d'un désir érotisant l'écriture: le poème n'était pas alors captation de la nature en son abondance. Les débuts de la Renaissance ont parfois détourné l'allégorie chrétienne de l'élévation de l'être pour traduire le lent chemin qui conduit de la nature à la perfection chez Jean Lemaire de Belges et chez Marot[36]. Ultérieurement, des poètes aussi différents que Jean Bouchet, Antoine de Baïf et Charles de Sainte-Marthe se tournent encore vers ce schéma durable du récit allégorique tout en le

---

[35] Pour préciser ces indications: le mouvement de restitution de l'Antiquité amorcé par Pétrarque connaît en Italie, vers 1450, sa pleine expansion.

[36] Jean Lemaire, *La Concorde des deux langages*; Clément Marot, *L'Adolescence clémentine*, « Le Temple de Cupido ».

régénérant au contact du paysage sacré antique[37]. Mais le récit mythologique, qui renoue avec la tradition d'Homère, d'Hésiode, de Virgile,
d'Ovide et d'Apulée, place délibérément sous le signe de la métamorphose, et plus encore d'une variété en mouvement, la *mimesis* de la nature. L'esthétique de la scène, si l'on peut réduire à cela, par commodité,
le récit allégorique, est évincée par une esthétique du mouvement. La poésie, par conséquent, se dote de mythes nouveaux, de fables qui intègrent
toutes les données des maîtres antiques, et expliqueraient, en quelque
sorte, à la fois la corne d'abondance, sa naissance et les moyens de la remplir.

On disposait de deux types de textes toujours portés au pinacle, qu'on
les considérât comme canoniques – vient aussitôt à l'esprit le bouclier
d'Achille –, ou qu'on vît également en eux les marques de la métalangue
et des artifices à suivre pour retrouver cette perfection. Ces deux familles
comportent d'une part des descriptions statiques par aplats, comme dans
l'exemple précédent ou dans le palais de Fortune et l'antre du sommeil
chez Ovide, de l'autre des *ekphraseis* qui associent une description dynamique aux effets d'*enargeia*. À ce second groupe se rattachent, entre
autres modèles, l'apparition du printemps dans *De la Nature*[38], les *Fastes*
d'Ovide[39] et *Le Rapt de Proserpine* de Claudien[40]. Si Jean Lemaire glose
encore la vitalité de la nature dans la fresque ou le schème favori du cor-

---

[37] Jean Bouchet, *Le Labyrinthe de Fortune et séjour de trois nobles dames*, Poitiers,
      Jacques Bouchet, 1522; Charles de Sainte-Marthe, «Elégie du Tempé de France,
      en l'honneur de Madame la Duchesse d'Estampes», dans *La Poésie française de
      Charles de Sainte-Marthe*, Lyon, Le Prince, 1540; Antoine de Baïf, «A Joachim
      Tibaud de Courvile», *Euvres en rime*, t. II. Pour sa part, Ronsard revient à ces
      éléments du récit allégorique afin d'organiser la louange de ses protecteurs. Peut-
      être faut-il lire les strates des emprunts successifs, ou les métamorphoses de la
      variété poétique, dans les trois descriptions consécutives qui animent «Le
      Temple de Messeigneurs le connestable, et des Chastillons», éd. Gallimard, t. II,
      p. 633; éd. P. Lmn., t. VIII, p. 72. On y découvre tout d'abord un temple dans la
      tradition gothique, avec, toutefois, une touche antique: une statue fluviale du
      Rhône. Ensuite, sur la robe de son Mécène, il peint, à côté des Vertus, le paysage
      sacré, Apollon et les Muses. Enfin, l'Amiral Gaspard II de Coligny se dresse en
      Neptune sur une coquille émaillée tirée par trois dauphins et Glaucus, au chant
      des tritons et des Néréides.
[38] Lucrèce, *De la Nature*, I, vers 10 et *sq.*: la célébration du printemps s'accom-
      pagne d'une apostrophe à Vénus, force générative qui commande l'expansion de
      la nature et du poème: «je t'appelle à mon aide pour le travail de ce poème» [...],
      vers 26-29.
[39] L'origine du mois de mai est évoquée au livre V.
[40] Claudien, Livre II. Boccace, à son tour, va fournir des tableaux animés de la na-
      ture. Jean Lemaire de Belges dans *La Concorde des deux langages* et dans
      L'Illustration des Gaules choisit de représenter la variété par la fécondité, et
      celle-ci par une mise en mouvement de toute la nature.

tège, Ronsard les fait éclater par la composition confuse et tourbillonnante qui brise le diptyque ou le triptyque gothique.

La fable mythologique relève, elle-même, du procédé d'amplification et s'apparente à la comparaison, à la métaphore et à la périphrase, mais, narrative, elle accueille toutes les dilatations. Par-dessus tout, elle se montre apte à mimer l'abondance et la métamorphose. C'est pourquoi Erasme la recommande pour sa grande fécondité, à condition d'obéir à tous les principes de la convenance et à une rigoureuse organisation interne[41].

Mythes de l'abondance

Pourquoi avoir choisi Ronsard comme relais de ces mythes de «la copieuse diversité», comme porte-parole d'une poésie qui cherche les recettes de la beauté dans une nature venant toujours à la rescousse de la démonstration théorique? Nombre de ses pièces importantes, à partir de l'ode «À Michel de l'Hospital», jouent, en marge des préfaces, le rôle de véritables arts poétiques. La question centrale de l'abondance s'y trouve traitée. Soucieux malgré tout du discours théorique, Ronsard le délègue aux fictions poétiques: il n'y traite pratiquement que de la nature, des bornes et des mécanismes de la «copie», c'est-à-dire des possibilités d'imiter le plus fidèlement le réel[42]. En outre, plus qu'aucun de ses contemporains, alors que les mythes de l'écriture s'élaborent sur la durée de l'œuvre, s'affinent, qu'ils deviennent plus personnels et tout à la fois accèdent à plus d'universalité, Ronsard brode son propre mythe, celui du vrai poète et de la Poésie. Même au plus fort du combat engagé, jamais il ne perd de vue ni ne clame plus haut le privilège d'accéder aux arcanes et d'atteindre à la folie poétique. Sans cesse il recherche les moyens de parvenir à cet idéal.

Par quelque balisage glissé dans le paysage, Ronsard se charge en général d'indiquer la fonction métalinguistique de ses grands récits mythologiques. Il faut se tourner au préalable vers des textes où la poésie se définit dans son essence, sans recourir à la fable, et fournit clairement la clef des équivalences. Des pièces comme «À Calliope» ou «De l'Election de son sepulchre» ne figurent pas au rang de celles qui forgent ces mythes de la variété; elles définissent plus la poésie par ce qu'elle est,

---

[41] Erasme, *De la Double Abondance*, II, éd. cit., pp. 250-258.

[42] Terence Cave analyse la prolifération textuelle chez Ronsard dans *The Cornucopian Text, Problems of Writing in the French Renaissance*, Oxford, Clarendon Press, 1979 (*Cornucopia. Figures de l'abondance au XVIᵉ siècle*, Paris, Macula, 1997) et dans un article «Mythes de l'abondance et de la privation chez Ronsard», *Cahier de l'Association Internationale des Études Françaises*, XXV, 1973, pp. 247-60.

abandon à la fureur et reflet du paysage composé de la variété, que par ce qu'elle crée. Ailleurs, momentanément adepte du décodage allégorique, il a précisément indiqué comparants et comparés qui nous aident à déceler sous « le fabuleux manteau » des fresques mythologiques[43] les indices textuels de la métalangue.

A la suite des Anciens, Ronsard reconnaît dans le paysage et le jardin la terre contrastée des Muses[44] et de l'inspiration. La rhétorique et la poésie antiques ont produit, dans leur analyse réflexive, les images de la germination, de la croissance, du bouillonnement, de la floraison ou, à l'opposé, celles de l'assèchement. En revanche, d'autres équivalences, quoique cautionnées par l'usage, sont moins facilement identifiables :

> Comme on voit en Septembre, aux tonneaux Angevins,
> Bouillir en escumant la jeunesse des vins,
> Qui chaude en son berceau à toute force gronde,
> Et voudroit tout d'un coup sortir hors de sa bonde,
> Ardente, impatiente, et n'a point de repos
> De s'enfler, d'escumer, de jaillir à gros flots,
> Tant que le froid Hyver luy ait donté sa force,
> Rembarrant sa puissance és prisons d'une escorce :
> Ainsi la Poësie en la jeune saison
> Bouillonne dans nos cœurs, qui n'a soin de raison,
> Serve de l'appetit, et brusquement anime
> D'un Poëte gaillard la fureur magnanime[...][45].

Là se rejoignent la fermentation des vins, l'ivresse du printemps, le fleuve bouillonnant du style copieux et l'effervescence de l'humeur sanguine[46].

---

[43] Ronsard, « Hynne de l'Automne », v. 82, éd. Gallimard, t. II, 559 ; éd. P. Lmn., t. XII, p. 46.

[44] « Discours à Loys Des Masures », éd. Gallimard, t. II, p. 1017 ; l'« Elegie à Loïs des Masures tournisien », Les Œuvres, 1560, éd. P. Lmn., t. X, p. 362. Fidèle à la tradition des styles-paysages, l'œuvre se déroule comme un paysage varié contemplé d'une fenêtre. Cette pièce est étudiée plus loin.

[45] Ronsard, « A E. de Troussily conseiller du Roy en son grand conseil », vers 23-34, éd. Gallimard, t. II, p. 105 ; « Elegie au seigneur l'Huillier », Les Œuvres, 1560, éd. P. Lmn., t. X, p. 292.

[46] Rabelais ne cesse de célébrer l'amplification poétique et son ivresse dans un éloge qui court de la glorification de la « purée septembrale » à celle de « la dive bouteille ». L'inépuisable tonneau s'est fait « joyeuse cornucopie » et, par-delà le contenu narratif, les procédés de production qu'il emblématise régentent le texte. La variété n'a pas explicitement pour modèle la nature, ou plutôt, si les formes naturelles de la croissance, de la ramification et de l'imperceptible variation sur l'identique président à l'amplification, le référent explicite n'est plus la nature mais le discours lui-même en ses infinies possibilités. Il est intéressant de noter que chez lui la topique antique du paysage est rare.

De ces différentes métaphores la fable mythologique s'empare dans une démarche d'auto-analyse à laquelle elle se destine presque exclusivement. Quand, au milieu du siècle, la pensée théorique fleurit, l'art poétique chez Ronsard passe par la fiction pour exposer son expérience poétique de l'abondance. Observer les mécanismes de l'imitation et de la fructification, telle est la destination de ces récits mythologiques, doubles en ce qu'ils allient la théorie de la « copieuse diversité »[47] à son application immédiate. Quand *De la Double Abondance des mots et des idées* fait suivre l'analyse par les exercices pratiques, les mythes ronsardiens voilent sous le fabuleux la théorie de l'art imitant la nature et le déploiement d'une *elocutio* contrôlée.

Si l'on s'interroge sur les grandes fresques mythologiques ronsardiennes, si l'on choisit comme critère d'étude l'abondance, comme aire où elle s'exerce le paysage et le jardin, il se dessine un cheminement né de la confrontation de la théorie avec l'essence même de la diversité. Parcours personnel ou réflexion de l'artisan du vers à portée plus universelle ? Toujours est-il que la poétique de l'abondance livre ses aspirations et sa possibilité d'être selon les trois thématiques de la diversité, de la transformation et de la totalité.

Variété

> Errant par les champs de la Grace
> Qui peint mes vers de ses couleurs,
> Sus les bords Dirceans j'amasse
> L'eslite des plus belles fleurs,
> A fin qu'en pillant, je façonne
> D'une laborieuse main,
> La rondeur de ceste couronne
> Trois fois torse d'un ply Thebain
> Pour orner le haut de la gloire
> Du plus heureux mignon des Dieux[...][48].

Les visages de la diversité

La collecte des fleurs dans le paysage de l'œuvre pindarique et leur disposition en couronne parfaite ouvrent «À Michel de l'Hospital». Comme chacun des textes où s'épanouissent les mythes de la création textuelle, cette ode remonte aux origines du langage poétique et déroule les étapes d'une naissance. Pour ce faire, cette pièce épouse les formes de la

---

[47] Préface au lecteur des *Odes* de 1550.
[48] «À Michel de l'Hospital, chancelier de France», vers 1-10, éd. Gallimard, t. I, p. 626; «Ode à Michel de L'Hospital», *Le Cinquiesme Livre des odes*, 1552, éd. P. Lmn., t. III, p. 118.

quête[49] ou de la requête[50] et finalement de la conquête[51]. Cette première strophe reproduit en abyme le déplacement dans l'espace et l'éparpillement avant le recentrement circulaire de l'achèvement. Percevoir la diversité ne se sépare pas, chez Ronsard, d'un premier mouvement centrifuge avant la reconstruction centripète qui serait une traduction voisine de l'*innutrition* et de la digestion. Rapprochement d'autant plus fondé qu'il y est précisément question d'imitation[52].

Cette ode présente pour la première fois les Muses, encore enfants, à leur père Jupiter. L'excellence de leur requête chantée plaide immédiatement en faveur de leur divinité comme de celle de la poésie. Elles offrent une démonstration polyphonique des registres de la variété en trois temps[53]. Plutôt qu'un échantillon des trois styles, il semble plus juste d'y déceler l'étendue de la gamme élevée, et, par analogie, les possibilités de chaque style. Jupiter, charmé par cet échantillon de leur savoir, les fait ensuite souveraines des montagnes, des bois et des campagnes, autrement dit de la diversité poétique reflétée dans les trois paysages. En même temps, il accorde à leur parole le pouvoir orphique de comprendre le monde, d'accéder aux quatre fureurs[54]. L'ode sinueuse célèbre à la fois toute la diversité et les vertus de l'amplification qui ouvre les «plys» et les «replys» du chant[55].

Face à cette diversité composite, de «grace et grandeur»[56], où l'art le cède à la primauté de la fureur, «Le Voyage d'Hercueil»[57] organise, selon le même schéma narratif que les fables mythologiques, la quête d'une autre variété en déplaçant l'aventure de la scène divine vers l'humanité divine de la Brigade[58]. Dans un premier temps, le texte déploie le vaste

---

[49] C'est le cas de «À Michel de l'Hospital», «Le Voyage d'Hercueil», «Le Houx», l'«Hynne de l'Automne». Françoise Joukovsky en vient à la notion de «quêtes et seuils fantastiques» par une autre étude des hymnes saisonniers: «Ronsard 'fantastique' dans les hymnes des saisons», dans *Ronsard et l'imaginaire*, études réunies par M. Dassonville et présentées par R. Aulotte, Florence, Olschki, 1986.

[50] «À Michel de l'Hospital» et *Les Quatre Saisons de l'an.*

[51] «À Michel de l'Hospital»; «Le Voyage d'Hercueil».

[52] Du Bellay, *Deffence*, I, 7 et 8.

[53] Les Muses chantent en s'accompagnant d'abord de la chanterelle, puis «d'une voix plus violante», enfin, «sus la plus grosse corde» «D'un bruit qui tonnoit jusqu'aux Cieux». Elles racontent le combat des géants et des Dieux: vers 171 à 314.

[54] *Ibid.*, vers 429-432.

[55] *Ibid.*, vers 8, 513, 705, 810.

[56] *Ibid.*, vers 470.

[57] Ronsard, «Le Voyage d'Hercueil», éd. Gallimard, t. II, p. 823; «Les Bacchanales ou le folastrissime voyage d'Hercueil pres Paris, dédié à la joyeuse trouppe de ses compaignons, fait l'an 1549»; éd. P. Lmn., t. III, p. 184.

[58] La parenté va jusqu'au rapprochement implicite de la «troupe» des poètes, non encore tout à fait ivres, avec le cortège enivré de Bacchus.

tableau des possibles poétiques, paysage bucolique, thème épique, méca-
nisme des saisons évoquant la géorgique[59], parmi lesquels Ronsard choisit résolument le plus accordé au ton familier[60]. Le paysage, à l'aurore,
s'anime par paliers jusqu'à ce qu'il se transfigure, sous l'effet du regard
intérieur, en spectacle visionnaire des flux qui parcourent le monde.
D'abord les «saulayes», «les hayes», «les plaines Toutes pleines De rou-
soyante blancheur», «les rives ecumeuses», puis

> Iô! que je voy de roses
>   Ja décloses
> Par l'Orient flamboyant:
> A voir des nues diverses
>   Les traverses,
> Voici le jour ondoyant.
>
> Voici l'Aube safranée,
>   Qui ja née,
> Couvre d'œillets et de fleurs
> Le Ciel qui le jour desserre,
>   Et la terre
> De rosée et de pleurs[61].

L'originalité de la bucolique qui, dans la première version, glisse du paysage vu aux artefacts lus, s'agrémente de la chasse aux papillons[62] avant
que les contours ne se brouillent, transfigurés par la vibration dionysiaque[63], la découverte de la confuse diversité du réel. La prière à l'abondance bacchique s'exhausse dans la variété embrassée par la seule veine
simple et ses nuances, voix familière et enjouée, ici plus précieuse pour
l'aurore, là vibrant de l'excitation sacrée. Parce qu'elle élague les premières données référentielles du paysage, la version définitive opte de
façon révélatrice pour une nature plus sobre corrigée par l'art, pour une
ivresse plus maîtrisée.

---

[59]   «Les Bacchanales», vers 43-60; les trois paysages des styles sont repris dans un
       ordre différent aux vers 484-86. Dans la dernière version du texte, «Le Voyage
       d'Hercueil», il s'agit des vers 25-42. Cet état définitif de la pièce condense le
       motif: Ronsard a supprimé le tableau des choix poétiques, alors qu'il évoquait
       auparavant les trois styles et disait opter pour le plus bas dans sa version fami-
       lière et légère.

[60]   *Ibid.*, vers 175 et *sq.* dans la première version et 103 et *sq.* dans celle de 1584 qui
       abrège considérablement le paysage de l'aurore.

[61]   «Le Voyage d'Hercueil», vers 103-114; «Les Bacchanales», vers 187-198.

[62]   Elle est imitée des *Bacchantes*. Voir, pour toutes les influences qui ont joué dans
       cette pièce, André Desguine, *Etude des Bacchanales ou le folastrissime voyage
       d'Hercueil*, Genève, Droz, 1953.

[63]   Vers 379 et *sq.* pour la première version; vers 241 pour la dernière.

Ce même «stile dous»[64] dont se réclame «Le Voyage d'Hercueil»,
«Le Houx» en invente la naissance[65].

> Mais moy sans plus je veux dire
> En ces vers, d'un stile dous,
> Le nouveau blason d'un Hous,
> Non de ces Hous solitaires,
> Batus des vens ordinaires
> Sur les mons Caucaseans,
> Ou sur les mons Ripheans,
> Ou sur la rive Scythique :
> Mais bien d'un hous domestique,
> Qui pare en toute saison
> Le jardin et la maison
> De Brinon, qui dés enfance
> Mena les Muses en France [...][66].

> Quelqu'un de ton parentage,
> Brinon, dés le premier âge
> Que le Hous fut transformé,
> En prist un scion ramé,
> Et le planta tout sus l'heure
> Au jardin de ta demeure [...][67].

Le choix du «houx domestique» est à lire à la fois comme le blason de la
simplicité poétique et comme une poésie transplantée, cultivée dans le ter-
roir français, susceptible d'être modifiée par un climat et un sol différents.
Ronsard y adopte l'histoire de l'humble petite nymphe de Diane séduite
par Pan, dans l'antre du sommeil, et transformée en houx. Le rapt, puis la
métamorphose de la divine simplicité en cet arbuste rustique et commun,
au sein de l'antre, devient la fable d'une descente aux sources de la poésie
en même temps que celle d'une assimilation du lieu commun. Elle s'accompagne aussi du motif secret de l'antre, plus apte à exprimer les subti-
lités nouvelles[68].

---

[64] «Les Bacchanales», v. 576 et 589; dans la version de 1584, vers 384; «Le
     Houx», v. 15.

[65] Avec *le Bocage* et *les Meslanges*, Ronsard délaisse Pindare pour une poésie plus
     simple qu'on lui a déjà vu adopter dans «Les Bacchanales» dès 1552. «Le
     Houx», éd. Gallimard, t. II, p. 787; *Les Meslanges*, 1555, éd. P. Lmn., t. VI,
     p. 135.

[66] «Le Houx», v. 14-26.

[67] *Ibid.*, v. 173-178.

[68] Le choix d'une poésie simple, exprimé en relation avec le paysage des styles et
     le jardin, se confirme dans le «Discours à Odet de Colligny, cardinal de Chas-
     tillon», éd. Gallimard, t. II, p. 797 ou «L'Elegie à Monseigneur le reverendis-
     sime cardinal de Chatillon», *Le Second Livre des meslanges*, 1559, éd. P. Lmn.,

Si l'on songe à l'ode «À Michel de l'Hospital» qui embrasse tout l'horizon poétique, ou qu'on regarde du côté des hymnes, plus tardifs, encore parcourus par le désir de saisir l'immense variété, «Le Houx» borne considérablement le champ de l'inspiration dans le but d'une meilleure adéquation au tempérament du poète. Il jette les bases d'une relation particulière qu'il entretient avec la variété. Cette tendance s'affirme toujours en 1569 dans «La Lyre»[69]. De la pratique de la variété à sa transmutation poétique, la fable mythologique oscille entre tout étreindre pour devenir le poète total appelé par La Pléiade, et exploiter la gamme du style bas de telle sorte que celui-ci atteigne à son expression la plus élevée. Mais, dans l'obsession manifeste dont témoignent ces mythes de la quête et de la naissance, au poète qui veut égaler les dieux et s'interroge sur le savoir-faire, la remontée de l'écriture vers ses principes semble enseigner que, telle la nature, la poésie suppose la transformation. Aussi les hymnes des saisons proposent-ils quatre visages de la variété, même si un semblable dynamisme commande chacune d'elles.

Saisir le mouvement

Quoique Ronsard ait compris chez certains de ses modèles que la qualité première de la variété tenait non seulement à la manière de traduire l'abondance, mais aussi de l'animer à l'intérieur, il est remarquable que les mythes par lesquels il transcrit sa quête traitent autant de la variété cueillie à la surface du monde que de la possession du mouvement. On retrouvera dans toutes les manifestations narratives, thématiques, lexicales, rythmiques d'une poétique du mouvement et du transport, un accord fondamental avec la dynamique de la fureur où transparaît clairement l'influence néo-platonicienne[70]. En effet une parenté, au moins de leur égal dynamisme, rapproche les quatre fureurs – la fureur poétique en particulier – des flux qui meuvent l'univers, et leur circulation n'est pas sans affinité. «La liqueur» de Bacchus, la «doulce rosée divine», permet de communiquer avec le «branlement non pareil» de la nature[71]. Pour avoir été admis à goûter au vin et à «l'affolement» poétique, les yeux du

---

t. X, p. 5; «Le Cyclope amoureux», (1560), éd. Gallimard, t. II, p. 222 ou éd. P. Lmn., t. X, p. 275, particulièrement les vers 181 à 272 de la première version, supprimés ensuite: le Cyclope y offre successivement à Galatée, pour la séduire, les lieux du style bas, un antre, des vergers, et leurs objets emblématiques pastoraux ou sauvages. Voir aussi «La Lyre», éd. Gallimard, t. II, p. 689; «A Monsieur de Belot», *Le Sizième Livre des poemes*, 1569, t. XV, p. 15.

[69]   La pièce est étudiée plus loin.

[70]   Plus loin, nous observons que la vision de la diversité se réclame d'Aristote et aussi d'Empédocle.

[71]   «Le Voyage d'Hercueil», éd. Gallimard, t. II, p. 823; «Les Bacchanales», vers 402, 511, 237, éd. P. Lmn., t. III.

poète voient en la nature une fontaine ruisselante de miel[72]. Mais bientôt les frontières se brouillent ; un même lexique désigne et fond les courants qui animent la ferveur poétique et ceux qui irriguent le paysage. Miel, onde et vin décrivent indifféremment l'enthousiasme, le paysage métamorphosé par la vision et le poème. Ces trois flux ne cessent d'échanger leur cours. Les pouvoirs de *mimesis* crèvent l'apparence des choses pour y découvrir une liquidité, horizontale et ondoyante d'un côté[73] et, de l'autre, une pluie de miel et de vin qui relie le haut et le bas, puisque ce « nectar » ouvre, pareillement, le chemin du Parnasse[74] et celui des mystères souterrains.

> Boyvon les ondes sucrées
> 　　Consacrées
> Au Dieu qui nous poingt le cuœur,
> Sondon les vagues profondes
> 　　Toutes blondes
> D'une vineuse liqueur.
>
> Que chascun de nous y entre
> 　　Jusqu'au ventre,
> Jusqu'au dos, jusques au front.
> Que chascun sonde et resonde
> 　　La doulce onde
> Qui bat le plus creux du fond[75].

C'est « Le Voyage d'Hercueil » qui construit la plus étonnante des poétiques du mouvement, d'abord appréhendé dans les formes visibles à la surface du paysage, ensuite découvert derrière les apparences, grâce à l'excessive sensibilité de la conscience possédée. L'ivresse et le style inspiré supposent une voyance et un « dérèglement de tous les sens », seules conditions qui garantissent son authenticité à la variété retranscrite, c'est-à-dire son essence sacrée[76]. Or l'imitation de la nature outrepasse ici très largement les habituelles consignes de *copia*.

Le récit poétique du voyage bucolique et de l'accès au mont Parnasse dilate la réalité. De ce rite d'initiation vers les sommets de la bucolique ou

---

[72]　« Les Bacchanales », vers 387.

[73]　*Ibid.*, notamment dans les vers 397-408.

[74]　Vers 463-468 pour la première version, et 295-300 dans celle de 1584.

[75]　Vers 397-408 pour la première version ; la première strophe est supprimée ensuite ; la deuxième occupe les vers 259-264 dans le texte de 1584.

[76]　Guy Demerson dans *La Mythologie classique dans l'œuvre lyrique de La Pléiade*, Genève, Droz, 1972, analyse, aux pages 90-91, les sens de la poésie bacchique : « l'enthousiasme humaniste », « l'isolement sacré du poète », la découverte du divin dans la réalité. Les Bacchanales isolent le groupe des poètes dans leur spécificité surhumaine.

vers ses profondeurs la description porte trace[77]. Le premier paysage vu s'imprègne déjà de liquidité[78]; ensuite l'écriture se met au diapason de ses accords profonds – « tout tremble »[79] –, pour embrasser enfin une nature fluidifiée en pluie fécondante, telle une immense fontaine d'éloquence.

> De ces chesnes goute à goute
>   Redegoute,
> Ce me semble, le miel roux.
> Et ces ruisselets qui roullent
>   Tous pleins coulent
> De Nectar et de vin doux[80].

> Dessus nous pleuve une nue
>   D'eau menue
> Pleine de liz et de fleurs :
> Qu'un lict de roses on face
>   Par la place
> Bigarré de cent couleurs[81].

Images de la fontaine d'éloquence déplacée de la rhétorique vers la nature, et qui les célèbrent uniment, images du style miélé diffus dans le paysage, jeu de reflets entre les pouvoirs de la poésie « esmerveillant » la nature et ceux de la nature entraînant à son tour le poème, tout fusionne en une célébration éblouie des sortilèges de la poésie. Ces bacchanales fêtent l'univers poreux et la fusion de trois vitalités, celle de la nature, celle de la fureur, et celle de Bacchus qui les englobe toutes deux. La poésie a bien en charge de capter le flux invisible, proprement de ruisseler avec le grand tout, de donner accès au sacré. Sa mission dépasse l'imitation au sens étroit, pour coïncider avec le regard intérieur, tandis que, par l'osmose des emprunts rassemblés en un paysage imaginaire, elle se rapproche des déformations maniéristes[82]: contours brouillés, éparpillement descriptif, fluidité des formes, supériorité de la vision sur le réel. Mais ce maniérisme est encore appelé à se transformer. Si, par exemple, outre le lieu commun du style-paysage, l'on prenait en considération un autre noyau métaphorique que le texte amplifie, la suavité miellée du langage des

---

[77] Rappelons que le style bas, de l'aveu du poète, convient mieux à son naturel: vers 61-66 et 31-36 pour la dernière version.

[78] « Les Bacchanales », vers 175-197.

[79] *Ibid.*, vers 236. La strophe sera imitée dans l'« Hynne de Bacchus ».

[80] *Ibid.*, vers 385-390 et 247-252 pour la dernière version.

[81] *Ibid.*, vers 499-504 et 331-336.

[82] Voir, par exemple, l'étendue et la variété de la liquidité.

Muses et la possibilité d'y atteindre[83], on mesurerait l'étonnant traitement que Ronsard lui fait subir sur le mode fantastique, quand il l'étend aux dimensions du monde. «Le Voyage d'Hercueil» compose ainsi un exemple de contamination métaphorique et la création d'un mythe personnel de l'abondance. La représentation de la variété dans son changement, et donc dans sa totalité, conduit à dépasser tout à la fois les apparences et les modèles en une transfiguration inattendue. Une même intention de «sonder»[84] les flux invisibles au commun des hommes, d'outrepasser les frontières de la perception, préside à tous les mythes de l'abondance.

Conquête de la totalité

Les mythes de l'abondance intègrent le mouvement dans le sens premier d'un déplacement. Ils mettent souvent en scène la domination de l'espace; ainsi les Muses et les divinités des saisons accomplissent un voyage; ainsi Bacchus entraîne les Ménades dans sa danse. La possession de l'espace va aussi de pair avec la conquête pour chacune des divinités de son essence, et pour le poème de sa forme idéale. Palpitation ou progressive métamorphose de la Nymphe en houx, frénésie ou danse bacchique, la variété multiplie ses signaux. Quand la description paraît statique, elle contient en puissance, comme l'argument son amplification, les germes de sa mise en mouvement: le sommeil de la nymphe[85] ou les palais de Printemps et de Nature[86] en fourniraient un exemple. Pour Ronsard, la peinture du champ des Grâces ne peut aucunement se limiter à la bigarrure des fleurs. Sous «la rude écorce» coule le sang des nymphes[87]. Attentive à toutes ces mutations, elle veut s'emparer du mouvement et donc aussi investir l'espace. D'où, bien souvent, le schéma narratif orienté par la chronologie d'un voyage. Le texte épouse alors la matrice la plus courante du récit mythique. Toutefois, la quête de la variété et la poursuite du «trac» des Muses à travers les paysages variés doublent la trajectoire d'un éparpillement géographique et d'un appétit d'ubiquité. La théorie des styles, sous la forme des trois paysages, jointe peut-être au souvenir de l'enquête des *Noces de Mercure et de Philologie*[88], s'est gonflée de la

---

[83] Le motif est notamment emprunté à Hésiode, début de la *Théogonie*, et à Pindare, sixième *Olympique*, vers 76-91.

[84] «Le Voyage d'Hercueil», éd. Gallimard, t. II, vers 262.

[85] Ronsard, «Le Houx».

[86] «Hynne de l'Automne».

[87] «Elegie XXIIII», éd. Gallimard, t. II, p. 409; éd. P. Lmn., t. XVIII, p. 143.

[88] Martianus Capella, *Les Noces de Mercure et de Philologie: Martianus Capella and the Seven Liberal Arts*, W. Harris Stahl, N. Y., Columbia University Press, 1977.

dramatisation qu'elle supposait : le traitement de l'abondance. La remontée aux origines divines, et aux possibilités de représentation des modèles et de la nature, contraint Ronsard à pousser plus loin la théorie de l'imitation des artefacts et celle du réel. Désormais, considérablement élargis vers une poétique de la totalité, les trois paysages s'approfondissent par l'interrogation sur les causes. Il semble que les mythes d'appropriation de la diversité puissent trouver là leur raison d'être. Au service d'un certain regard sur la variété, les figures narratives rendent en effet tangibles le déplacement spatial, l'enquête et aussi la fusion avec les grands mouvements souterrains et invisibles.

Ailleurs, et cela ne fait que corroborer la volonté de totalité, Ronsard revendique, par le droit à l'ubiquité poétique, la plus haute liberté de tout représenter. La variété poétique, qui s'arroge le privilège de dire l'un et le multiple, recourt, par une nécessité ontologique, au grand « art caché » de la nature qui dissimule ses secrets de fabrication.

> Les Poëtes gaillars ont artifice à part,
> Ils ont un art caché qui ne semble pas art
> Aux versificateurs, d'autant qu'il se promeine
> D'une libre contrainte, où la Muse le meine.
>   As-tu point veu voler en la prime saison
> L'avette qui de fleurs enrichit sa maison ?
> Tantost le beau narcisse, et tantost elle embrasse
> Le vermeil hyacinthe, et sans suivre une trasse
> Erre de pré en pré de jardin en jardin,
> Chargeant un doux fardeau de mélisse ou de thin.
>   Ainsi le bon esprit que la Muse espoinçonne
> Porté de la fureur sur Parnasse moissonne
> Les fleurs de toutes parts, errant de tous costez [...][89].

La hantise d'une variété puisée tant à la surface des choses que dans leur devenir, et qui se caractérise chez Ronsard par l'apprivoisement du mouvement, des mouvements, permet de déterminer aussi l'enrichissement d'une diversité qui se nourrit au contact du génie. Qu'il ait repris aux Anciens cette recette de la vive peinture pratiquée notamment par Homère, Hésiode, Virgile, Horace et Ovide ne fait pas de doute. Il semble, toutefois, que la métalangue oriente avec insistance ses mythes de l'abondance dans cette direction, que se précise une spécificité propre au poète et néanmoins encouragée par la lecture de quelques auteurs anciens. C'est dans cette interprétation de l'abondance et dans ses diverses colorations que l'on peut déceler une interprétation plus individuelle du lieu commun.

---

[89] « Response aux injures », éd. Gallimard, t. II, p. 1044, vers 809-821 ; éd. P. Lmn., t. XI, p. 116.

TRANSFORMATION

La variété affiche le multiple et le divers, de même la surface du texte s'orne de toutes les fleurs. Mais la *mimesis* voudrait capturer l'insaisissable et l'incessante métamorphose dont la nature cache les principes. De la graine à la plante prospère, le mystère de la croissance demeure. D'où la continuelle réflexion sur les moyens d'atteindre à la « copie », et l'attirance de Ronsard pour les processus de transformation que les allégories mythologiques, outre leur séduction et l'exercice d'imitation qu'elles proposent, ne cessent tout à la fois de voiler de mystère et de donner à voir. Un motif d'élection obsède ainsi les hymnes, celui des « secrets de nature ». La Philosophie les connaît ; la Poésie rivale entend les accaparer[90]. L'appropriation de la variété, qui s'avère aussitôt une conquête de l'abondance, du mouvement et de l'espace, s'approfondit en quête de la connaissance. Guidé par les Muses instruites des arcanes universels, le poète ira bientôt au fond des antres interroger le mystère[91]. Jacques Peletier aussi identifie la poésie à une entreprise de révélation des secrets des dieux[92].

Bien des choix de Ronsard, dans le tour si particulier qu'il entend donner à l'imitation de la nature, le rapprochent plus de Pythagore, qui, selon Ovide, s'ingénia à pénétrer les secrets de la nature[93]. *Les Métamorphoses* se terminent par un long discours sur la transformation, le propre de toute

---

[90] « Hynne de la Philosophie », éd. Gallimard, t. II, p. 520, vers 76 ; éd. P. Lmn., t. VIII, p. 85, vers 80.

« Hynne des Astres », vers 8 : éd. Gallimard, t. II, p. 623 ; éd. P. Lmn., t. VIII, p. 150.

« Hynne de l'Eternité », vers 3 : éd. Gallimard, t. II, p. 439 ; éd. P. Lmn., t. VIII, p. 246.

« Hynne de l'Automne », vers 14-18 : éd. Gallimard, t. II, p. 559 ; éd. P. Lmn., t. XII, p. 46.

[91] Guy Demerson note dans *La Mythologie classique dans l'œuvre lyrique de La Pléiade*, Genève, Droz, 1972, p. 441, que la « structure traditionnelle de l'hymne correspond à une profonde intuition théologique ». Il reprend à Natale Conti son analyse de la composition des hymnes : louange de Dieu dans une première partie, l'hymne ensuite « remonte volontiers aux origines de l'action providentielle », pour se clore enfin sur la prière finale. Natale Conti, *Mythologiae, sive explicationum fabularum, Libri X*, P. Sittart, 1583, première éd. 1551 ; *Mythologie, c'est à dire explication des fables [...] extraite du latin* de Noel Le Comte, par I. D. M., Rouen, Jean Osmont, 1611, première éd. 1604. Guy Demerson écrit aussi « Les *Hymnes* représentent un lyrisme de la connaissance », éd. cit., p. 441. Depuis l'ode à Michel de l'Hospital elles ont la charge d'introduire le poète dans les domaines secrets de la connaissance. L'ascèse consentie en l'honneur des Muses représente le sacrifice nécessaire à l'acquisition de la science.», *ibid.*, p. 442.

[92] J. Peletier, *Art poétique*, I, 1, éd. cit., p. 243.

[93] Ovide, *Les Métamorphoses*, XV.

chose et de tout être entraîné dans le constant glissement d'une forme vers l'autre. Changeant ainsi d'apparence dans la vitalité qui meut l'univers, tout demeure éternel. Ronsard emprunte ainsi à Pythagore sa démarche investigatrice des causes. Il reprend les termes d'Ovide[94] et calque jusqu'à la formule «La matière demeure, et la forme se perd»[95].

Fabrication: le vin

Découvrir les secrets de l'art conduit à célébrer la création sous la forme de l'invention, autre rêverie sur la naissance de la fureur et sur ses effets. Chez Ronsard, l'imitation de la nature commande de percer les causes du mystère. De toute évidence l'enquête est de façon coexistentielle une appropriation des recettes de la poésie même, de son essence. L'«Hymne de Bacchus»[96] dit la transmutation de la vigne sauvage en vin. À la manière du «Houx», la métalangue reconstruit ici les étapes de la gestation à l'intérieur d'un réseau codifié qui évoque l'alchimie poétique[97]. Bacchus préside à la génération, au reverdissement. Il transmet à ses adeptes sa fureur qui se révèle à eux et les relie aux cieux, dès lors qu'ils sont pris d'ivresse. Protéiforme par ses identités multiples[98], dispersé dans la totalité de l'espace, et pourtant synthétique, il incarne au plus haut degré la vitalité du monde, la nature même du dynamisme qu'il imprime dans le corps du poète par le rythme[99], par l'apprentissage de la musique et de l'ivresse du monde.

Deux figures cristallisent toujours une nativité mystérieuse et sacrée: l'enfance du dieu dans l'antre[100] et la vigne sauvage, miraculeusement productive après qu'elle a été éduquée par le jardinage.

> [...] Sans ce pere cornu tu n'eusses point trouvé
> Le vin, par qui tu as tout le monde abreuvé.
> Tu avisas un jour par l'espais d'un bocage
> Un grand bouc qui broutoit la lambrunche sauvage,
> Et tout soudain qu'il eut de la vigne brouté,
> Tu le vis chanceller tout yvre d'un costé:
> A l'heure tu pensas qu'une force divine
> Estoit en ceste plante, et bechant sa racine,

---

[94] *Ibid.*

[95] «Elegie XXIII», éd. Gallimard, t. II, p. 409, vers 68; éd. P. Lmn, t. XVIII, p. 143.

[96] «Hynne de Bacchus», éd. Gallimard, t. II, p. 594; éd. P. Lmn., t. VI, p. 176.

[97] En rapport avec la théorie ficinienne des fureurs, Ronsard pratique le rapprochement de la fureur poétique, de l'ivresse et certainement aussi de la fureur prophétique.

[98] «Hynne de Bacchus»., vers 165-167.

[99] *Ibid.*, vers 179 et *sq.*

[100] *Ibid.*, vers 46.

> Soigneusement tu fis ses sauvages raisins
> En l'an suivant apres adoucir en bons vins[101].

La narration rapporte les origines de l'ivresse, sa maîtrise par le Dieu, la faculté de la reproduire indéfiniment, et la vulgarisation de son enseignement. Mais la science de la fabrication ne passe pas la barrière du divin. Du côté des mortels, saisis par les mêmes transports de l'ivresse que le cortège de Bacchus, la fureur est reçue. Une fois encore la fiction s'arrange pour masquer l'art: si le dieu connaît la recette du vin, le poète «forcène». Alors que l'hymne exalte les pouvoirs de la poésie avec insistance et interroge le secret de son miracle dans le récit des soins apportés à l'invention du vin, le poète, quant à lui, procèderait «Sans mesure et sans art». D'un côté le déploiement de l'amplification poursuit le «secret au fond d'un panier venerable»[102] – autre emblème du travail ici, le van porté par les Ménades qui séparent la balle du grain –, de l'autre il voile dans la représentation du poète la discipline de l'enthousiasme, la part de raison.

> Et moy vague d'esprit soufflant à grosse haleine,
> Conduit de trop de vin, je cours parmi la plaine
> A jambe chancelante, allant Chantre devant
> Ton Orgie sacré qui mes pas va suivant:
> Orgie de ton mystere aux peuples admirable,
> Caché secret au fond d'un panier venerable
> Que porte une Menade, et sur lequel en vain
> Un homme lay mettroit pour le prendre la main,
> Avant qu'il fust lavé par sept ou neuf soirées
> Es sources de Parnasse aux neuf Muses sacrées[103].

Faut-il lire la volonté d'affirmer par-dessus tout le caractère sacré et mystérieux de la transmutation, par là-même, de dissimuler l'art qui existe bien, en se réclamant d'une poésie de la fureur? L'écriture de l'enthousiasme, du naturel, doit-elle se comprendre comme la transcription de l'ivresse du monde? Beaux jeux d'échos entre la poésie inspirée et le paysage ivre, profondément remodelé:

> Car lors que tu courois vagabond par le monde
> Tu vins camper ton ost au bord gauche de l'onde
> De mon Loir, qui pour lors de ses coutaux voisins
> Ne voyoit remirer en ses eaux les raisins:
> Mais Pere, tout soudain que la terre nouvelle
> Sentit tes pieds divins qui marchoyent dessus elle,

---

[101] *Ibid.*, vers 95-104.

[102] *Ibid.*, vers 206.

[103] *Ibid.*, vers 201-210.

(Miracle) tout soudain fertile elle produit
La vigne herissée en fueilles et en fruit :
Où ta main fist prougner une haute coutiere,
Qui de ton nom Denys eut nom la Denysiere[104].

Ja la terre fremist sous les pieds furieux,
Ja la nue poudreuse oste le jour aux yeux
Tant les champs sont foulez des troupeaux des Evantes
Qui vont jusques au Ciel les poudres elevantes [...][105].

De l'«Hymne de Bacchus» on retiendra un apaisement des motifs qui permet de mesurer le chemin parcouru depuis «Le Voyage d'Hercueil». En effet, depuis la quête encore assez extérieure de l'ivresse, diffuse dans le paysage, Ronsard s'est acheminé vers une interrogation sur sa naissance et son processus. De même le poète a délaissé l'élan débridé pour discipliner l'ivresse de l'intérieur. Les enfances du dieu et le prodige du vin ne font que reproduire, à l'échelle mythique, l'aventure de celui qui, par le travail inlassable du vers, va lui conférer la grandeur, comme le dieu a décuplé les forces et la qualité du pied de vigne sauvage en bêchant tout autour.

Génération, germination, pléthore

C'est avec les hymnes surtout que se précise le goût pour les genèses révélé dans quelques textes précédents. Aux sources de la métamorphose et de l'abondance, les mystères de la naissance du poème se relient à tous les phénomènes parallèles dans l'ordre de la nature[106]. L'«Hymne de l'Automne» inscrit ces ressemblances dans sa composition binaire. Poème et saison sont régis par les mêmes lois que les hymnes exploitent poétiquement sous la forme d'amples périphrases : fureur, naissance, croissance, fertilité, quête du juste milieu dans l'équilibre des contraires. Il suffit de rappeler la définition du poète ravi par la fureur :

Il predit toute chose avant qu'elle soit faite,
Il cognoist la nature, et les secrets des Cieux,
Et d'un esprit bouillant s'esleve entre les Dieux.

---

[104] *Ibid.*, vers 169-178.

[105] *Ibid.*, vers 211-214.

[106] Ronsard n'est pas le seul à se passionner pour les naissances. Michel Jeanneret, dont le livre, *Perpetuum mobile*, serait à lire pour approfondir ce thème chez d'autres écrivains et artistes, étudie en particulier la question chez Du Bartas (p. 25) et chez Léon Hébreu (p. 93) : *Perpetuum mobile. Métamorphoses des corps et des œuvres, de Vinci à Montaigne*, Paris, Macula, 1998.

> Il cognoist la vertu des herbes et des pierres,
> Il enferme les vents, il charme les tonnerres [...][107].

Si la poésie entretient avec la nature une relation d'identité, mais aussi de dépendance, puisqu'il semble bien qu'à l'image des saisons dont elle partage les traits, elle en soit la fille, elle ne saurait l'égaler ni la dépasser que dans l'imitation, l'émulation et l'invention. On retrouve ici un mode de penser le langage comme partie intégrante de la nature, réglé par les mêmes lois, empruntant certaines des formes par lesquelles elle se manifeste, procédant des mêmes mouvements d'expansion et de disparition. Le langage ne peut en conséquence s'épanouir qu'en respectant les règles de la nature et ne se travailler que selon l'art humain qui en a compris et imité quelques principes, le jardinage. De même, afin de parfaire la langue française, les traités conseillent la greffe du puissant rameau antique sur le sauvageon français. Comme il convient de jeter ses regards en arrière, du côté des Anciens, et de s'abreuver à leur sève[108], peindre la nature requiert de se référer tout aussi bien aux modèles naturels qu'aux artefacts antiques. Pour l'homme de la Renaissance, le référent naturel, son interprétation par les Grecs et les Romains, et l'écriture poétique dialoguent continûment. Nature, mère de l'abondant automne, n'est-elle pas

> [...] une grande Déesse heureusemant feconde,
> A qui le Ciel donna la charge de ce Monde ?
> Par qui tout est nourri, par qui tout est produit,
> Par qui nous recueillons et la fleur et le fruit ?
> Qui est tout, qui fait tout, qui a toute puissance[109] ?

C'est pourquoi les hymnes des saisons et quelques autres textes métalinguistiques multiplient les allusions à la génération ou à sa mise en récit[110], et se plaisent aux développements sur la régénération. Simultanément apparaît souvent, avec ces motifs de venue au monde, un autre lexique, inséparable de la définition du meilleur style chez les rhéteurs antiques : chaleur, humidité féconde et bouillonnement du tonneau débondé. Nouvel exemple de contamination et de circulation métaphorique. Sang et chaleur, en effet, désignent alternativement la fureur[111], la force généra-

---

[107] « Hynne de l'Automne », vers 14-18 : éd. Gallimard, t. II, p. 559 ; éd. P. Lmn., t. XII, p. 46.

[108] L'ente poétique est souvent conseillée. Voir D. Duport, « Transplanter, greffer, jardiner à la Renaissance : des traités d'agriculture aux arts poétiques », dans *Le Jardin entre science et représentation*, 120ᵉ Congrès National des Sociétés Historiques et Scientifiques, Aix-en-Provence, octobre 1995, Paris, Editions du CTHS, 1999.

[109] « Hynne de l'Automne », vers 133-137.

[110] « À Michel de l'Hospital » : naissance des Muses et de toute la diversité du chant.

[111] « Hynne de l'Automne », vers 16.

tive qui anime plantes et animaux[112], la vigueur du printemps[113] et de l'été[114], l'ivresse de Bacchus, jusqu'au style copieux, bouillonnant et plein de sève vers lequel tend le poème[115].

La théorisation de l'abondance opère un tropisme thématique et lexical qui révèle autant la collecte de matériaux d'emprunt que la refonte des différentes semences en un mythe personnel. De la sorte convergent, dès que l'étincelle de l'inspiration ou du renouveau a jailli, le dynamisme qui met pareillement en branle la nature assoupie et la musique des mots, les mouvements de course, d'égarement, de danse, de prolifération, d'épanouissement, de métamorphose, de tarissement. Décrire les forces de la nature, l'enthousiasme et les mécanismes de la *mimesis* poétique, c'est analyser le même phénomène ou les différentes faces d'une seule réalité. De même que le poète cherche parmi les possibles la forme idéale qu'il améliorera et polira toujours, de même la nature poursuit partout, à travers la matière, la conquête de la forme.

A l'appui de ces remarques, l'«Hymne de l'Esté» confirme le rapprochement entre la poésie et les lois de la nature qui, en ses mécanismes de construction, mène chaque chose à l'éclosion de sa perfection. L'aristotélisme sous-jacent se livre de façon claire : la matière change toujours selon son évolution naturelle vers «une forme meilleure». Le printemps fait germer et croître, mais l'été mène à maturité. Aussi Cérès s'adresse-t-elle à lui en ces termes :

> A toy fils du Soleil est la perfection,
> Tu soustiens et nourris la generation :
> Car rien sans ta vertu au monde ne peut estre,
> Comme estant des saisons le Seigneur et le maistre.
>   Ainsi disoit Cerés, et l'Esté tout soudain,
> De sa vive chaleur luy eschaufa le sein,
> La prist pour son espouse, et la prenant à l'heure
> La Terre se vestit d'une forme meilleure
> Par tel embrassement, lequel en peu de jours
> Du beau Printemps et d'elle accomplist les amours[116].

---

[112] «Hynne du Printemps», vers 47 et *sq.*: éd. Gallimard, t. II, p. 550; éd. P. Lmn., t. XII, p. 27.

[113] *Ibid.*, vers 41-62.

[114] Toutes les saisons, selon le mythe repris par Ronsard, sont nées de l'union de Nature avec Soleil: «Hynne de l'Esté», vers 91 et *sq.*

[115] «Hynne de l'Esté», vers 11-20, éd. Gallimard, t. II, p. 553; éd. P. Lmn., t. XII, p. 35. Pour ce lieu commun de la fureur voir, *passim, The Cornucopian Text, Problems of Writing in the French Renaissance* de Terence Cave, *op. cit.*, et *L'Idéal et la différence* de Jean Lecointe, *op. cit.*

[116] «Hynne de l'Esté», vers 207-216.

Il semble qu'il y ait chez Ronsard, aux sources de l'hymne et de son déploiement, cette profonde conviction que la perfection gît dans l'abandon au mouvement même, au changement que la nature commande. Imiter le devenir de toutes les saisons, et pas d'une seule, permet de surcroît de dépasser la finitude par l'incessant renouvellement en une autre forme, par là d'élever la poésie à l'éternité de la nature[117]. La variété se cache aussi dans l'instant fabuleux où la potentialité éclôt, moment que la narration poétique se plaît à développer amplement.

Autre processus que guette l'hymne, à l'affût de ses possibilités d'expansion, la germination. Comme la création poétique, elle suppose un éveil de la matière en gestation, un déploiement, une multiplication enfin. Le corpus des textes retenus pour ces mythes de l'abondance, et plus particulièrement les hymnes des saisons, se concentre essentiellement sur la corne d'abondance[118] et sur tous ses substituts : van des Ménades[119], bouteille et verre[120], vases[121], quand le texte lui-même, faisant l'ellipse du contenant, ne fonctionne pas comme ces réceptacles qu'il dévide[122].

Que la germination vienne à accomplir son processus et tous les vases répandent, avec leur fruits, la rhétorique de l'abondance et de la variété[123]. Une fois encore, il est frappant de noter combien le désir de capter le mouvement – ici sous la forme de la métamorphose – ou de le suggérer en puissance passe au premier plan[124]. L'« Hymne de l'Automne » juxtapose ces deux états de la transformation à la fois potentielle et en action. Le palais de l'été découvre aux yeux d'Automne la panoplie des outils de jardinage habituels, inopérants sans les rayons du soleil, eux aussi suspendus aux crochets. Tous ces instruments de l'abondance allégorisent le travail de la variété.

> Dedans la basse court elle vit meint rateau,
> Meinte fourche, meint van, meinte grosse javelle,

---

[117] La comparaison médiévale des procédés d'*elocutio* avec la terre que le printemps tapisse d'une robe de fleurs subit un profond changement : voir *infra*.

[118] « La Lyre », éd. Gallimard, t. II, p. 689 ; « A Monsieur de Belot », éd. P. Lmn., t. XV, p. 15.

[119] « A Michel de l'Hospital » ; « Hynne de Bacchus », vers 206.

[120] « Le Voyage d'Hercueil », éd. Gallimard, t. II, p. 823 ; « Les Bacchanales », éd. P. Lmn., t. III, p. 184.

[121] « Hynne de l'Automne ».

[122] C'est le cas de l'ode « À Michel de l'Hospital », éd. Gallimard, t. I, p. 626 ; éd. P. Lmn., t. III, p. 118, où le chant des Muses propose des échantillons de sa variété. Dans « Le Voyage d'Hercueil » l'exubérance bacchique procède de la même opération de déversement.

[123] Par exemple dans l'« Hynne de l'Esté », vers 217-226.

[124] *Ibid.*, les répétitions de « donner », et l'expression « qui sers de longue guide/Au Soleil [...] ».

> Meinte gerbe, toison de la moisson nouvelle,
> Boisseaux poches bissacs de grans monceaux de blé [...][125].

Dans un diptyque, le palais de Nature oppose deux états de la matière : la diversité des richesses coule à flots en un double mouvement de déversement et de remplissage dans le premier tableau ; dans le second elle renferme une promesse, une réserve de prolifération. « Cent jeunes jouvenceaux » sont commis à ces tâches :

> Ils portent en la main de grands cruches profondes :
> L'une verse à longs flots la semence des ondes,
> L'autre coule le plomb, l'autre espuise du sein
> Des antres de Pluton les rivieres d'estain,
> L'autre les ruisseaux d'or, l'autre affine le cuivre,
> L'autre le vif argent qui veut tousjours se suivre,
> L'autre cherche le soulfre, et l'autre est diligent
> De fouiller les conduits du fer et de l'argent.
>   Là sont dedans les pots sur des tables, encloses
> Avec leurs escriteaux, les semences des choses[126],
> Que ces jeunes garçons gardent, à celle fin
> Que ce grand Univers ne prenne jamais fin,
> Les semans tous les ans d'un mutuel office,
> A fin qu'en vieillissant le Monde rajeunisse
> Que l'air ait ses oiseaux, et la mer ses poissons,
> Et la terre ses fleurs de diverses façons[127].

Le poème aussi faut-il ajouter ! Dans ces passages, l'écriture, qui observe ses propres mécanismes d'imitation de la nature, se mire en ses facultés d'amplification dynamique. Les procédés de l'abondance n'ont rien de figé. Une rhétorique vivante se déploie, débarrassée des habitudes scolastiques de division du sujet auxquelles manquaient la profondeur et la liaison avec la grande nature. L'hypotypose se doit de rendre présent l'objet décrit par une peinture en mouvement qui sollicite tous les effets rythmiques.

L'automne, deux fois né[128], représente mieux encore que la saison du renouveau et de l'explosion des graines, cette possibilité de maturité surabondante, de copieuse récolte infiniment épandue. Sa célébration, puisqu'elle est

---

[125] « Hynne de l'Automne », vers 312-315.
[126] P. Laumonier rapproche ce passage de quelques vers de l'ode « À Michel de l'Hospital », vers 137 et *sq.*
[127] « Hynne de l'automne », vers 341-356.
[128] *Ibid.*, vers 446 : l'automne est devenu productif en s'unissant à Bacchus porté successivement par Sémélé, puis par Jupiter dans sa cuisse.

[...] maîtresse du vaisseau que l'Abondance tient
Par qui en sa beauté Pomone se maintient [...][129],

s'accompagne d'une jubilation stylistique qui célèbre le passage de la ger-mination à la pléthore. Les saisons de Ronsard multiplient l'étendue sémantique de ce débordement. Richesse jusqu'à l'excès qui se déverse dans la nature et que celle-ci s'emploie à tempérer, que le poète, à son échelle, doit aussi maîtriser, faute de quoi il encourt tous les vices de la démesure.

Du chaos à l'ordre ou la poétique des saisons

Posséder la variété dans son changement suppose donc de parvenir à canaliser le torrent impétueux, sans pour autant nier sa force destructrice, car elle a double visage. La réussite tient à cet équilibre paradoxal et pour-tant naturel. C'est, semble-t-il, le sens d'une caractéristique des saisons présentée avec insistance par Ronsard et extrêmement signifiante pour sa poétique.

Les textes choisis, et plus précisément les hymnes des saisons, racon-tent tous de façon détournée, ou directement dans «Le Voyage d'Her-cueil», un accès, une initiation à la perfection naturelle. Certains disent un conflit de façon plus évidente[130]. Tous célèbrent l'élaboration d'un équi-libre après un premier désordre: folie incontrôlée de la fureur[131], panique des Muses novices[132], hésitation des saisons non parvenues à leur matu-rité[133], silence et tarissement du flux[134]. C'est cette variété conflictuelle dont il convient à présent d'observer le sens, étant donné que le paysage métalinguistique situe le conflit non dans la variété elle-même, mais en amont, dans ses processus de fabrication. Là réside la difficulté à imiter la nature.

A chaque saison sa spécificité propre, en cela Ronsard suit une tradi-tion qui séduit tout le seizième siècle. Mais, à la différence d'Hésiode et de Virgile, de Jacques Peletier et d'autres contemporains qui chantent les saisons, il procède à deux décalages. Il recentre tout d'abord l'hymne sur la saison elle-même, de sa naissance prodigieuse à l'ensemble de ses caractères, plutôt que de s'arrêter au poème de la vie rustique, des travaux de la terre et du jardinage selon l'ordre des saisons. Ensuite, à la variété des activités humaines il préfère celle de la nature.

---

[129] *Ibid.*, vers 447-448.
[130] «Hynne de l'Automne»; «Hynne de l'Hyver».
[131] «Le Voyage d'Hercueil»; «Hynne de l'Automne».
[132] «À Michel de l'Hospital».
[133] «Hynne du Printemps», «Hynne de l'Automne», «Hynne de l'Hyver».
[134] «La Lyre».

Quatre manifestations différentes du même principe de métamorphose à l'œuvre souterrainement s'offrent à celui qui consigne les formes de la diversité. Au printemps «ses bouquets et ses fleurs»[135]. Le propre de la saison «gracieuse»[136] est de recouvrir la terre d'une parure diaprée, de soudain la rajeunir par le réveil d'un feu qui embrase tout.

> Pource de mille fleurs son visage elle farde [...][137].

Le renouveau prodigue les ornements[138] à l'inverse de l'été qui leur confère la vigueur, les rend utiles, parce qu'il amène à maturité une partie des plantes et des fleurs. Figure de la prospérité, il laisse dans l'ombre l'exhibitionisme quelque peu vain et facile du printemps. La fable des saisons pose un art poétique où l'on décèlerait déjà les réticences de Ronsard à l'égard du jardin fleuri pour l'œil et du printemps factice, riche à l'excès, inutile, et donc sans force[139]. Cérès ne vient s'unir à l'été

> [...] Que pour garder ce monde et luy donner puissance,
> Vertu, force, et pouvoir, lequel n'est qu'en enfance,
> Debile, sans effect, et sans maturité,
> Par faute de sentir nostre divinité[140].

L'été ne se contente pas de parer, il couvre la terre d'autre dons[141]. La chaleur métamorphose la joliesse artificielle en abondance profitable qu'à son tour l'automne porte à son accomplissement.

---

[135] «Hynne de l'Automne», vers 301.

[136] «Hynne du Printemps», vers 121.

[137] *Ibid.*, vers 111.

[138] L'«Hynne du Printemps» insiste sur cette variété décorative aux vers 37-45 :

> Si tost que le Printemps en ses bras la receut,
> Femme d'un si grand Dieu, fertile ellè conceut
> Les beautez de la Terre, et sa vive semence
> Fist soudain retourner tout le Monde en enfance.
>   Alors d'un nouveau chef les bois furent couvers,
> Les prés furent vestus d'habillements tout verts,
> Les vignes de raisins : les campagnes porterent
> Le froment qu'a foison les terres enfanterent,
> Le doux miel distilla du haut des arbrisseaux [...].

Autre vision du «palais fleury» du printemps aux vers 263-302 de l'«Hynne de l'Esté».

[139] Il s'accorde avec Quintilien (*Institution oratoire*, VIII, 3) et Jacques Peletier (*Art poétique*, I, 9, éd. cit., pp. 272-273) sur ce dernier point. Dans la préface de *La Franciade* il rappelle la nécessité des ornements à condition qu'il soit justes, rigoureusement accordés à l'intention ; «*Preface sur La Franciade, touchant le poëme heroïque*», éd. Gallimard, t. I, pp. 1168-1170.

[140] «Hynne de l'Esté», vers 189-192.

[141] *Ibid.*, vers 220.

> O bonne et grande part des saisons de l'année,
> Automne de tous biens richement couronnée,
> Des humains le grenier, le celier, la planté [...][142].

De l'hiver et de la diversité agitée, venteuse, Ronsard semble honorer la puissance :

> Va-t'en là-bas en terre et commande trois mois :
> Je te donne pouvoir de renverser les bois,
> D'esbranler les rochers, d'arrester les rivieres,
> Et sous un frein glacé les brider prisonnieres,
> Et de la grande mer les humides sillons
> Tourner ores de vens, ores de tourbillons[143].

Première remarque qui s'impose : Ronsard réclame à ce point la multiplicité de la variété que celle de l'hiver ne le rebute pas. Il s'écarte ainsi d'autant plus de l'héritage médiéval qu'il va jusqu'à dénigrer aussi franchement la beauté gratuite du printemps que les rudesses excessives de l'hiver[144]. L'inconstance que voulaient saisir les premiers livres des odes[145] cherche, dans *Les Quatre Saisons de l'an*, l'élan de chacune, sans toutefois ignorer leurs différences qui assurent l'équilibre général. Premier et nécessaire, le renouveau passe pourtant, dans les mythes ronsardiens, derrière les deux abondances de la maturité que sont l'été et l'automne. Les fruits surclassent les fleurs[146]. Ronsard délaisse le *topos* de l'impulsion printanière[147], encore amplifiée par Jean Lemaire de Belges[148], pour se couler dans le changement de toutes les saisons en leur mouvement éternel[149]. L'évolution plus que l'état a ses faveurs, si bien

---

[142] « Hynne de l'Automne », vers 453-455.

[143] « Hynne de l'Hyver », vers 373-378.

[144] La métalangue médiévale du printemps au verger, largement modifiée par Jean Lemaire dans *La Concorde des deux langages*, est détrônée par le chant polyphonique des saisons et de leurs travaux à la Renaissance. Sur la lecture que Ronsard fait des saisons, Daniel Ménager écrit qu'il détrône le printemps de l'âge d'or pour privilégier l'action sur la contemplation, pour imposer à l'homme une « philosophie de la nature » toujours en action : *Ronsard le Roi, le Poète et les Hommes*, Genève, Droz, 1979, pp. 82-85.

[145] Il poursuit dans la préface au lecteur celle, tumultueuse, de Pindare.

[146] Autre différence avec le printemps médiéval.

[147] Dans *La Concorde des deux langages*, J. Lemaire amplifie le printemps poétique et métalinguistique, qui allégorise le retour de l'inspiration, mais l'intention didactique lui donne un autre sens. Le printemps amoureux reste un motif favori, encore qu'il soit totalement voué à la fureur générative qui emporte le texte. Ronsard, pour sa part, pratique une importante déviation de la tradition, justifiée par une volonté de s'interroger sur les moyens de la variété.

[148] J. Lemaire, *La Concorde des deux langages*.

[149] Jean Céard écrit à ce propos, dans « Cadres cosmologiques de la poésie ronsardienne des éléments », *Ronsard et les éléments*, Actes du colloque tenu les 14 et

que chaque époque de l'année reproduit sous sa plume, à sa manière, le principe du renouveau. L'automne ne vole-t-il pas le propre du printemps, l'éclosion des fleurs[150]?

Le printemps n'a donc plus l'exclusivité de la génération et de la régénération, puisque chaque saison accomplit le travail de la précédente et par là-même poursuit la métamorphose. L'originalité de Ronsard consiste, tout en les individualisant, à les réhabiliter aux côtés du très poétique printemps qui, jusqu'alors, a cristallisé toute métalangue de l'inspiration et tous les désirs de *mimesis*. L'abondance, quelle qu'elle soit, est digne d'imitation; toute écriture, et peut-être, suggère-t-il, tout tempérament a sa saison, lorsqu'il penche, au rebours de tout le courant médiéval et antique, pour l'automne où culmine l'abondance. De même que l'automne a dérobé certaines de ses qualités au printemps et à l'été[151], de même l'abondance du poète sera composite.

La vision des saisons conduit à une autre remarque. Nées de Nature, elles se ressemblent toutes. Toutes déterminent des degrés dans la bigarrure du monde. Si la ressemblance diverse se livre dans le récit des larcins de l'automne, les hymnes multiplient les signes de la circulation souterraine du même sang de l'une à l'autre saison. Un parcours fermé donne naissance à une manifestation de l'énergie qui se mue bientôt en une autre, différente dans sa parité. Un même «amour» enflamme chacune des trois premières saisons et s'assoupit dans la dernière[152], tandis que les semences attendent, plongées dans le sommeil bénéfique de la gestation hivernale. De plus, si l'écriture mythique les différencie nettement à leur naissance[153], une alchimie narrative rééquilibre peu à peu les disparités. Au fond, chacune se définit par le mélange, de même que, selon Louis Le Roy, les quatre éléments ne se rencontrent pas à l'état pur[154].

---

15 avril 1989 à la faculté de Lettres de l'Université de Neuchâtel, textes réunis par André Gendre, Faculté de Lettres de Neuchâtel, Genève, Droz, 1992, pp. 21-22 : «Les cosmologies de l'unité insistent avant tout sur le retour régulier des saisons.» «Ronsard semble moins sensible à la régularité des saisons qu'au changement dont elles sont une figure [...] comme si le Discord n'était plus tant une figure de désordre capable de 'rengendrer le chaos' qu'une partie intégrante de l'ordre divers du monde.»

[150]   «Hynne de l'Automne», vers 299-302.

[151]   «Hynne de l'Automne», vers 456.

[152]   «Hynne du Printemps», vers 47-74.

   «Hynne de l'Esté», vers 181-216.

   «Hynne de l'Automne», vers 397-416.

[153]   «Hynne de l'Esté», vers 109-122.

[154]   Cette comparaison est suggérée par l'étude de Michel Jeanneret sur le livre de Louis Le Roy *De la Vicissitude et variété des choses en l'univers*, Paris, P. l'Huillier, 1583, fol. 3 r° : *Perpetuum mobile*, éd. cit., pp. 192-193.

Chaque saison possède son abondance, mais toute abondance dépend des autres, ne prend de sens que par la complétude que la suivante lui permet d'atteindre et dont la précédente a lancé le processus. Il est donc erroné de ne retenir que le seul printemps comme reflet de la transcription poétique. L'ordre du monde et du texte obéit à cette chaîne du devenir, de la dépendance des saisons, du changement auquel nulle fin n'est assignable :

> Depuis que le Printemps, cette garse virile
> Ayme la Terre en vain, la Terre est inutile,
> Qui ne porte que fleurs, et l'humeur qui l'espoint,
> Languit tousjours en séve, et ne se meurist point :
> De quoy servent les fleurs si les fruits ne meurissent ?
> De quoy servent les blez si les grains ne jaunissent ?
> Toute chose a sa fin, et tend a quelque but
> Le Destin l'a voulu, lors que ce monde fut
> En ordre comme il est : telle est la convenance
> De Nature et de Dieu par fatale ordonnance[155].

L'entreprise très ambitieuse de la variété veut imiter l'être du monde, sa totalité inséparable et son constant changement. La revendication stylistique est transparente. L'inconstance imitée ici diffère de celle que prônaient les odes.

Mais, derrière la ressemblance des saisons, malgré leurs traits spécifiques et le flux harmonieux qui fait glisser de l'une à l'autre, derrière l'ordonnance cosmique, Ronsard perçoit les trop-pleins, les tares, les conflits, la lutte des contraires[156]. Il semble qu'il pressente un autre obstacle aux possibilités de *mimesis*, lorsqu'il substitue au spectacle des saisons orientées vers «quelque but» deux types de désordre. Tout d'abord celui de l'hésitation sur les apparences de la saison. En effet aucune n'est parfaite telle quelle, dans la mesure où elle doit s'acheminer vers sa forme, au reste bientôt dissoute dans la métamorphose suivante[157]. Ensuite, les quatre abondances ont en partage les excès de leurs qualités, ce que les quatre hymnes répètent. Ni la féminité ni la masculinité n'a la supériorité et ne semble permettre de définir une hiérarchie. L'«hermaphrodite» printemps n'est pas satisfaisant. Mâle où femelle, chacune au départ s'avère imparfaite et toutes conservent, outre leur inachèvement,

---

[155] «Hynne de l'Esté», vers 193-202. On pourrait citer aussi les vers 357-380 de l'«Hynne de l'Automne», saison incomplète et imparfaite avant son union avec Bacchus. Il en va de même de l'hiver.

[156] Jean Céard précise l'origine de cette tension des contraires empruntée à Empédocle dans «Cadres cosmologiques de la poésie ronsardienne des éléments», *Ronsard et les éléments, op. cit.*, p. 11.

[157] On retrouve encore une fois l'aristotélisme qui oriente la vision de la variété.

quelques imperfections. Ronsard dévoile les vices des saisons, retrace le parcours épique de la forme qui se parfait, au sein de chacune d'elles, du chaos à l'ordre apparent.

> De quatre embrassemens que Nature receut
> D'un ami si ardant feconde elle conceut
> Quatre enfans en un coup, l'un fut Hermafrodite,
> (Le Printemps est son nom) de puissance petite,
> Entre masle et femelle, inconstant, incertain,
> Variable en effet du soir au lendemain.
> L'Esté fait masle entier, ardant, roux, et colere,
> Estincelant et chaud, ressemblant à son pere,
> Guerrier, prompt, et hardy, tousjours en action,
> Vigoureux, genereux, plein de perfection,
> Ennemi de repos : l'Automne fut femelle,
> Qui n'eut rien de vertu ny de puissance en elle.
> L'Hyver fut masle entier, monstrueux et hideux,
> Negeux, tourbillonneux, pluvieux et venteux,
> Perruqué de glaçons, herissé de froidure,   ᛌ
> Qui fist peur en naissant à sa mere Nature[158].

Dualité négative et positive à la fois, car l'hymne finit toujours par rétablir un équilibre entre vices et vertus pour célébrer finalement le triomphe des dernières et la plénitude provisoire[159]. Doit-on lire l'aveu d'une quête conflictuelle de la totalité et la volonté de traduire la «concorde discordante» dans l'harmonie du style qui pose, de la sorte, une esthétique particulière du naturel[160]? Comment expliquer que l'hymne retrace chaque fois ce cheminement identique de la variété, de l'incomplétude, du désordre destructeur, vers une quasi-perfection qui n'atteint sa forme que dans la saison suivante? Et cela est plus particulièrement vrai pour le printemps et l'hiver. Une poétique du conflit et des contraires, en instance de s'annuler, s'affirme comme une caractéristique de Ronsard, comme l'une des nouvelles données du paysage. Il ne cherche pas plus à réduire ces dualités, car elles entretiennent des rela-

---

[158] «Hynne de l'Esté», vers 107-122. Les vices des saisons sont présentés au vers suivants :
  – «Hynne du Printemps», vers 63-80.
  – «Hynne de l'Esté», vers 193-198.
  – «Hynne de l'Automne», vers 357-368.
  – «Hynne de l'Hyver», vers 81-110.

[159] Sur la volonté de Ronsard de dépasser le désordre du monde, voir Daniel Ménager, *Ronsard le Roi, le Poète et les Hommes, op. cit.*

[160] C'était déjà vers cette esthétique que penchait «l'inconstance» recherchée dans les odes.

tions de complémentarité, qu'il ne suggère un état définitif. A peine atteint, l'apogée de la saison est menacé par un autre état. Chaque phéno-mène, dans une totalité harmonieuse, implique l'existence de son opposé. Ainsi, les saisons. Jupiter, « afin qu'en amitié le monde puisse vivre »[161], fait cesser le conflit cosmique et assigne à l'hiver ses limites :

> Je te fays le seigneur des pluyes et des nues,
> Des neiges, des frimas, et des gresles menues,
> Et des vens que du ciel pour jamais je banis.
> Et si veux, quand Venus ira voir Adonis,
> Que tu la traittes bien, pour voir apres Cybelle
> Se germer de leur veue, et s'en faire plus belle :
> Et bref mon cher enfant, je te veux faire avoir
> Là bas autant d'honneur qu'au ciel j'ay de pouvoir.
> Ainsi dist Jupiter, et l'Hyver qui l'accorde
> Jura d'entretenir ceste heureuse concorde [...][162].

L'hiver prépare les semences alors qu'il manifeste tous les excès, le prin-temps a les fleurs sans les fruits, l'été les fruits mais aussi la canicule dé-vastatrice, l'automne bien sûr les fruits, tandis que la force lui manque. Du point de vue du style on voit se dessiner, à travers les hymnes, la recherche d'un même point d'entente face à toutes les sollicitations de la variété, d'un moyen terme entre le mouvant et le fixe, le viril et le féminin, entre le brûlant et le vigoureux d'une part, et, de l'autre, le « variable », le faible, puisque c'est ainsi que Ronsard pense les féminins du printemps et de l'automne[163], sinon que le printemps ne mûrit pas et que l'automne détruit. À tous deux, respectivement, l'été et Bacchus transmettent le feu qui manque[164]. L'écriture poétique tente de se définir et d'élaborer un modèle idéal d'harmonie toujours menacé par l'excès, par la monstruo-sité[165].

On ne peut manquer de prolonger les similitudes quand Ronsard, au début de l'« Hymne de l'Automne », voit dans la naissance du poète une

---

[161] « Hynne de l'Hyver », vers 372. C'est bien ici, signalée par Jean Céard (voir au-dessus), la vision d'Empédocle pour qui les relations d'amitié et de haine soudent l'univers, plus que l'amour selon les néo-platoniciens.

[162] *Ibid.*, vers 379-388.

[163] Pour le printemps, « Hynne de l'Esté », vers 111-112. Pour l'automne, « Hynne de l'Esté », vers 117-118 et « Hynne de l'Automne », vers 101-104.

[164] D'où tout le développement sur la cuisson de la terre, l'apparente digression sur l'embrasement de Nature par le Soleil et d'Été par Cérès dans l'« Hynne de l'Esté »; d'où les semblables noces de Bacchus et d'Automne dans l'hymne du même nom.

[165] Les rhéteurs ont bien spécifié les excès de chaque style, car l'excès, que la nature tempère et corrige, existe dans l'univers.

œuvre d'emblée achevée, alors que les saisons ont cherché longtemps, avant d'y parvenir, cette puissance constructive.

> Le jour que je fu né, Apollon qui preside
> Aux Muses, me servit en ce monde de guide,
> M'anima d'un esprit subtil et vigoureux,
> Et me fist de science et d'honneur amoureux[166].

A la construction problématique d'une identité harmonieuse pour les saisons, le mythe personnel oppose la naissance miraculeuse du poète en sa perfection immédiate. Mêmes qualités mâles que l'été et l'automne, vigueur et chaleur, mais, absence de défauts et, seulement aux yeux étoupés du vulgaire, mêmes vices que les saisons !

> Tu seras du vulgaire appellé frenetique,
> Insensé furieux farouche fantastique,
> Maussade, mal-plaisant[...][167].

La fable s'emploie ici à voiler tout le lent travail sur la diversité qu'elle amplifie abondamment dans la suite même du texte. La poétique de Ronsard, pour parvenir à «l'heureuse concorde»[168], accueille les nécessaires oppositions qui sous-tendent la variété et lui donnent son relief. De l'alliance des contraires naît à la fois la dynamique du cosmos et son équilibre. Toujours soucieux de blâmer les dangers de l'outrance et de les tempérer, l'hymne reproduit à l'échelle de son microcosme l'incessant travail des forces du monde[169]. De même, les grandes compositions, qui entretiennent une structure mal dessinée laissent deviner les élaborations confuses dans l'ordre de la nature. En outre, alors que les arts poétiques figurent le poème par le jardin et le travail de la forme par le jardinage, Ronsard étend considérablement la réflexion sur la variété au monde entier. Ainsi la transcription de la variété en langage poétique demande aussi cet ajustage, ce dosage des énergies contradictoires qui font la richesse des quatre temps de l'année. Les saisons de Ronsard contribuent à la réflexion sur l'abondance, sur la fécondité céleste et sublunaire dans sa complexité infinie. C'est pourquoi le concept de variété intègre constamment celui de variation, souci manifesté, par exemple, dans le traitement chaque fois renouvelé du grand mythe de Bacchus. La diversité du monde intègre le conflit, la transformation et la durée, multiplie les signes de leur dialogue, sans pour autant s'assombrir d'inquiétude à

---

[166] « Hynne de l'Automne », vers 1-4.

[167] *Ibid.*, vers 61-63.

[168] « Hynne de l'Hyver », vers 388.

[169] Ce travail, pour circonvenir toutes les forces en présence, se traduit plus tard par la métaphore du jardinage.

l'époque des *Quatre Saisons de l'an*. Pourtant, le point de vue se déplace quand ces marques suprêmes, le changement et le mouvement, naguère cultivées, se colorent de mélancolie. L'«Elegie XXIIII» ne voit qu'instabilité et inconstance, où les hymnes des saisons puisaient leur invention plastique et le principe de leur poétique.

Il était utile de déchiffrer, dans quelques textes métalinguistiques, les mythes de l'abondance essentiellement cristallisés sur les transformations de la matière dans la durée. Occasion d'observer le cinétisme de la variété dans le corps vivant et protéiforme de l'hymne. Si cela a pu sembler une digression en regard de la thématique du paysage et du jardin, c'est que Ronsard impose ce détour à sa problématique de l'abondance, et ce qui paraît déviation ramène à la *natura naturans* les mythes de l'écriture. La sève, la germination, la croissance, les principes de la transformation vont conduire Ronsard sur la voie du jardinage, non pas du jardin.

Vers une autre compréhension de la variété en mouvement : le jardinage

Lorsque Ronsard écrit en 1560 le «Discours à Loys Des Masures»[170], en 1563 la «Response aux injures et calomnies»[171] et en 1569 «La Lyre»[172], il n'a jamais perdu de vue la théorie poétique et la métaphore du paysage élargie dans les hymnes jusqu'au cosmos, intégrant l'espace et la durée. Le droit à l'éclectisme, à la promenade désordonnée, à une totale et sinueuse souplesse, s'affirme dans les deux premières pièces avec l'intensité que l'on met à défendre une liberté critiquée, menacée. Il retrouve donc, dans son travail sur la variété, quand le moment est venu de s'expliquer en un langage plus clair, la métaphore des paysages[173]. Mais face à son tribunal personnel, alors que l'épreuve du tarissement se fait cruelle, il se tourne dans «La Lyre» à nouveau vers le «manteau» mythique, retaillé, cette fois-ci, aux dimensions de la confidence. Une nouvelle étape de la méditation sur la variété et ses métamorphoses s'ouvre avec le poème adressé à son ami Jean Dutreuilh de Belot.

En 1565, Ronsard reçoit de son frère Charles le prieuré de Saint-Cosme-lez-Tours. Il est hébergé la même année par Jean de Belot, conseiller au Parlement de Bordeaux, devenu en 1569 maître des requêtes de l'hôtel du roi. De 1565 à 1567, tandis que le poète voyage souvent,

---

[170] Éd. Gallimard, t. II, p. 1017; éd. P. Lmn., «A Loys Des Masures tournesien», t. X, p. 362.

[171] Éd. Gallimard, t. II, p. 1044; éd. P. Lmn., t. XI, p. 116.

[172] «La Lyre», éd. Gallimard, t. II, p. 689; éd. P. Lmn., «A Monsieur de Belot», t. XV, p. 15.

[173] «Discours à Loys Des Masures» et «Responses aux injures et calomnies».

poursuit ses activités de cour, songe toujours à l'œuvre héroïque, il s'initie aux travaux rustiques qui l'occuperont davantage, quand, à partir de 1568, les assauts de la fièvre quarte le contraignent à une vie plus retirée sur différentes terres acquises en Touraine. Adressée à l'ami, Jean de Belot, qui vient de lui offrir une lyre pour célébrer le retour du poète à Paris, la pièce, qui porte le nom du présent, date de 1569.

Si l'on en croit l'argument du texte qui revient sur un temps révolu[174], Ronsard aurait traversé une période stérile de doute profond, miné qu'il était peut-être aussi par la maladie. Jean de Belot lui aurait permis de surmonter cette double épreuve; toujours est-il que l'abandon des Muses occupe trop le devant de la scène pour être négligé. La préoccupation fondamentale de l'abondance ne fait que le souligner davantage.

Avant de suivre de plus près l'itinéraire nouveau qui conduit du silence à la plénitude, arrêtons-nous sur le mouvement d'ensemble, lâche en apparence, mais d'une cohérence qui recentre en profondeur les intentions. L'anecdote personnelle de l'épuisement poétique, déjà largement étayé par les signaux du discours métalinguistique, fournit l'épisode central:

> Peu me plaisoit le Laurier qui enserre
> Les doctes fronts, le Myrte Paphien
> Ny la fleur teinte au sang Adonien,
> Ny tout l'esmail qui le printemps colore [...][175].

Ce sont ensuite les grands credos[176] relatifs à la fureur qui reviennent, avec les motifs de Bacchus et de l'ivresse. L'ardeur bouillonnante, la fureur et sa figuration impétueuse – exaltation, débordement, course à travers la variété du paysage – contrastent avec la glaciation paralysante. Or, les soins prodigués à la vigne pour se consoler d'être délaissé par les Muses, mystérieusement, vont remettre le poète sur le chemin du Parnasse, réveiller la sève paresseuse.

> Je ne faisois allegre de sejour,
> Fust au coucher fust au lever du jour,
> Qu'enter planter et tirer à la ligne
> Le sep tortu de la joyeuse vigne[...][177].
> Or pour-autant que le pere Evien
> A bonne part au mont Parnasien,
> Toujours portrait au temple des neuf Muses

---

[174] «[...] l'état d'esprit du poète de mai 1554 à avril 1555», date à laquelle il fut reçu par Jean de Belot: éd. Gallimard, t. I, p. LXXI.

[175] «La Lyre», vers 6-9.

[176] Tels qu'ils sont exprimés dans l'ode «À Michel de l'Hospital», éd. Gallimard, t. I, p. 626; éd. P. Lmn., t. III, p. 118.

[177] «La Lyre», vers 19-22.

> Pour ses vertus en nos ames infuses,
> Comme Prophete et Poëte vineux
> Je l'honorois d'artifice soigneux,
> Ne cultivant, ou fust jardin ou prée,
> Devant le sep de la vigne sacrée.
> Il a rendu salaire à mon labeur,
> De sa fureur me remplissant le cœur[178].

L'ouverture exploite en alternance les deux volets du diptyque, de l'abondance à la stérilité[179]. La métamorphose, ou le retour à la poésie, tiendrait donc au jardinage de la vigne, mais aussi à l'homme exemplaire, Jean de Belot.

Ici commence le deuxième temps du poème, et l'éloge de la sobriété, de la mesure chez l'ami, rejoint en contrepoint le thème voisin du jardinage soigneux amené au début[180]. La germination poétique[181] sert de transition délicate entre les deux parties de l'éloge, qui va emprunter le voile fabuleux pour détourner et exalter le prodige d'un nouvel «enfantement»[182], celui du retour à la poésie. La digression apparente sur le visage peu avenant de Jean de Belot, comparé à Socrate, guide la lecture des apparences extérieures de la fable vers ses profondeurs. Elle ramène toujours à la surface du poème le signifiant souterrain, cette «sainte humeur», la sève qui circulera à nouveau. L'ouverture du poème en a épié les caprices et les intermittences, elle l'a vu disparaître asséchée, puis rejaillir en torrent ou en ruisseau fécondant. Un même réseau lexical et symbolique détermine peu à peu une construction en échos. En effet, si la sagesse de Jean de Belot est l'occasion de rappeler les pouvoirs de la double lecture et du codage, la nécessité de ne pas s'arrêter aux apparences, l'apologue de Platon permet aussi de rester dans la logique du mythe de l'abondance ici à nouveau glosé. Allons chercher le sens sous l'étrange couvercle, et louons les «vaisseaux» pour leur caractère peu ordinaire. Reconnaissons d'abord en Jean de Belot celui qui a su les remplir à nouveau. Vidons ces réceptacles de l'abondance qui anticipent sur le blason de la lyre, décorée de figures aussi déroutantes que les pots des apothicaires[183], afin de remonter enfin aux sources de la fécondité expli-

---

[178] *Ibid.*, vers 27-36.

[179] *Ibid.*, vers 72-88; 121-128.

[180] Dans l'esprit de Ronsard et de la Renaissance, la louange de la vie mesurée, empruntée surtout à Virgile, Horace et Claudien, est souvent inséparable de celle de la petite terre. Voir «Discours à Odet de Colligny, cardinal de Chastillon», éd. Gallimard, t. II, p. 797; éd. P. Lmn., t. X, p. 5.

[181] «La Lyre», vers 154.

[182] *Ibid.*, vers 116.

[183] *Ibid.*, vers 158.

quée aux premiers vers, c'est-à-dire au culte de Bacchus ou à la culture de la vigne[184].

Vient la dernière partie et, à la manière des présents faits au vainqueur de la joute poétique pastorale, l'exaltation de la lyre. Ses scènes peintes commentent, autour de la figure d'Apollon, toute la gamme du chant, depuis le style élevé jusqu'à la bucolique[185]. D'autres divinités traduisent par la plasticité des motifs choisis, tour à tour, la grâce, l'abondance, le larcin et l'artifice, en somme les pouvoirs de la *mimesis*.

De l'une à l'autre de ces bizarreries formelles que le lecteur est convié à apprécier, Ronsard aborde donc successivement la nature de l'inspiration, l'éloge du protecteur et les scènes représentées sur la lyre. Non seulement ces trois parties sont logiquement subordonnées, mais deux motifs les entrelacent étroitement, reparaissent souplement, se modifient, s'appellent : ce sont les deux figures complémentaires du flux et du vase d'abondance.

Si les contingences biographiques fournissent l'élément moteur du texte, l'écriture mythique les dépasse et les intègre dans ses catégories générales : d'abord par les métaphores habituelles empruntées au paysage, puis par les divinités qui commandent entièrement la narration dans la troisième partie. En concordance et en parfaite cohérence avec les hymnes, l'histoire individuelle se rattache ainsi à la problématique de la variété.

La circulation imprévisible du flux et ses crues soudaines, quand, à nouveau maîtrisée, la sève produit cette surabondance, demande qu'à la suite du poète on s'interroge sur les moyens de cette circulation prodigieuse.

Ronsard expose en langage non métaphorique les deux causes de son retour à la poésie : le jardinage et la sagesse de son ami. Il semble en effet que la louange de la sobriété et de la mesure chez l'ami ne constitue qu'une digression apparente[186], qu'elle recoupe le précepte d'équilibre appris au contact de Virgile[187] et d'Horace, et qu'elle vaut autant dans la conduite de la vie que dans celle de la poésie. Jean de Belot est comparé à Socrate[188] dans la perspective du célèbre apologue platonicien : son « triste

---

[184] Le rapprochement se fait de plus en plus clair au vers 229.

[185] *Ibid.*, vers 323.

[186] Ronsard, qui se souvient du prologue de *Gargantua* dans le développement sur Socrate et les Silènes, pratique la même esthétique de la digression que Rabelais, sans jamais perdre de vue la ligne centrale.

[187] Dans les *Géorgiques* est évoquée la difficulté de la concordance du style avec le sujet choisi, ce que ne cesse de commenter la justesse des gestes requise par tous les travaux ruraux.

[188] « La lyre », vers 172 et *sq.*

visage» recèle des trésors. Mais que représente ici Socrate? L'esprit pratique, «le gouvernement» de soi et des autres[189], un autre maître de l'abondance contrôlée. Afin de lever une apparente contradiction entre cet éloge de la mesure et celui de la profusion jaillie de la corne d'abondance, il faudrait encore retenir que les plans de la morale et de l'esthétique vont concorder, justement sur le point précis d'une sagesse de l'équilibre apprise par l'observation des lois qui régissent le monde et susceptible de résoudre toutes les discordes, tel le face à face d'Apollon et de Bacchus gravés sur la lyre [190]. Ethique et poésie visent ce fameux accord[191].

«La Lyre» aborde autrement la question de la variété posée par les hymnes, dans la mesure où le texte s'interroge avant tout sur le tarissement de l'enthousiasme. Si la description de l'instrument emblématise la diversité et la profusion, les deux premiers tiers de la composition remontent aux sources mystérieuses de l'abondance, tout aussi imprévisibles que les crues du Nil[192]. Il n'est plus question de poursuivre la diversité dans ses formes et ses processus ni de s'interroger sur la *mimesis*, mais de déclencher en soi le retour du flux. La perte de l'état de grâce provient-elle de la lassitude surgie au terme d'une période d'intense activité, comme l'écrit Ronsard[193], ou de l'impossibilité nouvelle de saisir la variété dans son mouvement? Le jardinage, autre motif souterrain qui offre au poème ses fondations les plus solides, bascule rapidement de la sphère de la vie privée au mythe et fournit, en tout état de cause, une solution.

L'éloge du jardinage commande largement la composition, du silence des Muses au jaillissement d'une parole à nouveau prolixe. Rappelons le parallèle entre les soins prodigués à la vigne au début et, après la louange de Jean de Belot, l'épanchement de la corne d'abondance. Pratiqué en tant que substitut de l'activité poétique, le jardinage, et plus exactement le travail de la vigne, activité chargée de symbolisme entre toutes, se mue en culte de la poésie. Au lieu de s'abandonner aux bacchanales[194], le moment est venu maintenant de comprendre de l'intérieur les mécanismes de la génération et de l'ivresse, de soigner «le sep tortu de la joyeuse

---

[189] *Ibid.*, vers 199, 214, 216.

[190] *Ibid.*, Apollon aux vers 275-281 et Bacchus aux vers 371-374.

[191] *Ibid.*, vers 277, 372; les versions précédentes comportaient un passage supprimé où les rochers renvoyaient le mugissement des bœufs d'Admète en un «accord gaillard», vers 372, éd. de P. Lmn., t. XV, p. 32.

[192] Un autre passage supprimé revenait encore sur la raison centrale de la pièce, le tarissement de la fureur: éd. P. Lmn., t. XV, vers 271-273:
   Nil dont la source aux homes n'aparoist,
   Et qui sans pluye en abondance croist
   Aux plus chauds mois[...].

[193] «La Lyre», vers 121-128.

[194] Comme Ronsard le fait dans les poèmes d'inspiration bacchique.

vigne»[195]. Ronsard accomplit le mouvement inverse de celui des arts poétiques qui comparent la poésie au jardinage. A l'image de Virgile, il expérimente dans l'observation et l'apprentissage de quelques travaux de jardinier, les similitudes avec les activités du poète.

Les principes régissant l'abondance, la taille, la montée de la sève et la progressive métamorphose de la plante, sont transférés du cep «sacré»[196] au poète à nouveau productif. L'écriture déploie alors à nouveau les images de crues impétueuses dévalant des sommets divins. Au bouillonnement et à l'ardeur répond cet autre déversement blasonné sur la lyre. Pourtant l'enthousiasme, ses débordements incontrôlables, si souvent évoqués dans ce poème, et la fureur reçue passivement[197], s'opposent à une abondance savamment recherchée, à la manière du jardinier qui guide la sève, la nourrit, pour qu'elle remplisse la corne de fruits aussi nombreux que divers. C'est que Ronsard, avec constance, préfère le mythe plus poétique du poète ivre à celui du polisseur de vers, au risque, comme dans «La Lyre», de faire se côtoyer les deux images contradictoires. Témoin ce travail du matériau premier – «je ne faisais [...] Qu'enter planter et tirer à la ligne»[198] – aussitôt dévié vers les prodiges de l'ivresse. Lire dans l'expérience du jardinage une simple métaphore qui évoquerait la retraite et le travail poétique intense pour retrouver l'élan de la jeunesse en réduirait considérablement le sens. Un poème d'Amadis Jamyn confirme l'intérêt de Ronsard pour les travaux de la terre et invite à accorder plus de prix à ces quelques notations[199]. De plus, même si la dernière version de «La Lyre» supprime des développements jugés inutiles, Ronsard remanie incessamment la présentation de ces fruits du jardinage. Autre façon de confirmer, pour la logique de la démonstration, l'importance du passage qui célèbre l'artifice jardinier dans la corne renversée par Bacchus:

> Là mainte figue, ornement de l'Automne,
> Est peinte au vif, et tout ce que Pomonne
> De tous costez verse de larges mains
> Dessus les champs pour nourrir les humains.
> Là le Raisin de joyeuse rencontre,
> Là le Concombre au ventre enflé s'y montre:
> Et la Chastaigne au rempart espineux.
> Là fut la Pêche au goust demi-vineux,

---

[195] *Ibid.*, vers 22.

[196] *Ibid.*, vers 34.

[197] *Ibid.*, vers 43-56.

[198] *Ibid.*, vers 19 et 22.

[199] «Sonnet à Monseigneur de Ronsard», éd. P. Lmn., t. XV, p. 14; un poème de Charles IX à Ronsard nous l'apprend aussi, éd. Gallimard, t. I, p. 1155; éd. P. Lmn., t. XVII, p. 45.

Et le Pompon aux costes separées,
Et les Citrons ayans robbes dorées.
Là fut le Glan fils des Chesnes ombreux,
La Meure teinte au sang des amoureux,
L'Abricot froid, la Poire pepineuse,
Le Coin barbu, la Framboise areneuse,
Et la Cerise aux malades confort,
Et le Pavot qui les hommes endort,
Et la Cormeille au dur noyau de pierre,
La Corme[200] aussi qui le ventre resserre,
Avec la Fraize au teint vermeil et beau
Semblable au bout d'un tetin Damoiseau :
Et par sur tout de Pampre une couronne
Qui du vaisseau les lévres environne[201].

La variété répandue ici dans la diversité des formes et des couleurs s'avère plus conforme à la conception traditionnelle de la géorgique[202], parce qu'elle est statique[203]. L'amplification par spécification, qui recourt à la simple juxtaposition, n'a d'autre fonction que la louange de l'infinie variété et de l'invention naturelle.

Le jardin n'intéresse que rarement Ronsard, mais le jardinage productif et utile le conduit à méditer sur le processus de fabrication, depuis le don aléatoire de la fureur, puis son savant traitement jusqu'à sa fructification. Avant de s'épanouir en une lecture personnelle dans «La Lyre», bien qu'effacé par la figure concurrente et plus libre du paysage, le jardinage fait quelques appparitions : fascination pour la croissance et la métamorphose, symbole de vie vertueuse et du style humble[204], élément de contraste dans la nature sauvage[205]. Greffer, tailler, entretenir les arbres fruitiers ont prouvé au poète combien cet art exige la compréhension des lois et des rythmes de la sève, en même temps que l'accord total, dans l'acception musicale du terme, de l'artisan avec le matériau vivant. Autrement dit, l'abondance en sa diversité présuppose tout un travail préalable

---

[200] La corme est le fruit du cormier ou sorbier.

[201] «La Lyre», vers 329-332. La chronologie fantaisiste de la production des fruits relève de l'éloge de la variété.

[202] Virgile donne le ton succinctement dans les *Géorgiques*. Columelle amplifie l'éloge de la diversité, variété par variété. L'accumulation est une forme fréquente de la présentation géorgique au XVIe siècle. Elle s'accompagne d'un style plus fleuri, à condition qu'il soit accordé au sujet.

[203] Cette caractéristique, rare chez Ronsard, est largement compensée par les tableaux qui l'encadrent.

[204] «Le Houx».

[205] «Discours à Loys Des Masures», éd. Gallimard, t. II, 1017 ; «Elegie à Loïs Des Masures tournisien», éd. P. Lmn., t. X, p. 362.

d'observation de la croissance, de communion, d'amélioration que reprend en abyme l'image de la ronde des Grâces et de la chaîne in-interrompue[206]. L'expérience du jardin fait concorder la pratique poétique et la sagesse que Ronsard loue, ailleurs, dans l'éloge de la vie rustique[207]. Le jardinier sait l'équilibre, la soumission aux règles de la nature afin de canaliser la sève vers une œuvre plus élevée. Hiérarchie, équilibre et mesure, qui président à la musique et à l'ordre du monde, ont été également commentés par les représentations des dieux sur la lyre. Le jardinier sait aussi les lenteurs, les gestations, les échecs, et la sujétion absolue au temps cyclique comme à la nature qui gratifie toutes choses d'une même fertilité périodique. N'a-t-il pas également rapproché la croissance végétale de la fécondité poétique[208]? La modestie et la souffrance impo-

---

[206] «La lyre», vers 349-370.

[207] «Discours à Odet de Colligny, cardinal de Chastillon, éd. Gallimard, t. II, p. 797; éd. P. Lmn., t. X, p. 5.

Un autre poème tardif, placé en tête des *Poemes* de 1587, «Au Lecteur», compare, dans la tradition pindarique, la poésie à un pré et le poème à une fleur. Une comparaison avec le jardinage le clôt. Or, à la différence de l'expérience rapportée dans «La Lyre», le procédé reste fidèle aux connotations des arts poétiques et en particulier de la *Deffence*:

> D'Homere l'Iliade et sa sœur l'Odyssée
> Est une Poësie en sujets ramassée
> Diverse d'arguments: le Cyclope eborgné,
> D'Achille le boucler, Circe au chef bien peigné,
> Prothée, Calypson par Mercure advertie,
> Est un petit Poëme osté de sa partie
> Et de son corps entier. Ainsi qu'un mesnager
> Qui veut un vieil Laurier de ses fils descharger,
> Prend l'un de ses enfans qui estoient en grand nombre,
> Et desja grandelets se cachoient dessous l'ombre
> De leur mere nourrice, et le replante ailleurs,
> A fin que ses ayeuls en deviennent meilleurs:
> Apres avoir fouye en terre ceste plante
> Bien loin de ses parens, elle croist et s'augmente,
> Puis de fueilles ombreuse, et vive de verdeur,
> Parfume le jardin et l'air de son odeur.
> Le Jardinier joyeux se plaist en son ouvrage.
> Bien cultiver le sien ne fist jamais dommage.

Éd. Gallimard, t. II, p. 849, vers 13-30; éd. P. Lmn., t. XVIII, pp. 283.

L'image revêt deux sens: tel un rejet de laurier que l'on replante et voit prospérer, les fables d'Homère coupées de l'œuvre originelle peuvent s'épanouir et porter des fruits; autre sens plus large, la greffe et la transplantation métaphorique sont souvent des incitations à la *translatio*: il faut donc transporter l'arbrisseau antique et le nourrir de la sève française.

[208] Malcolm Quainton, dans *Ronsard's ordered Chaos*, Manchester, Manchester University Press, 1980, cite les textes qui offrent des variations sur l'art humain et donc aussi sur les pouvoirs orphiques de la poésie: «Le Houx», «La

sent la reconnaissance de ses limites. L'illusion de facilité, le déploiement de la variété masquent bien des combats avec la fuyante matière. Loin que Ronsard en récuse les contraintes, le jardinage l'éclaire enfin puissamment. «La Lyre» pourrait se comprendre comme une méditation sur les profondeurs de la fabrication poétique, donc sur le temps mis en relation avec «la circulation des sèves inouies»[209]. Par là même, la problématique centrale du dehors et du dedans, tout en invitant à décoder le sens sous la fable, s'enrichit de toutes sortes d'échos. Elle se relie directement à l'abondance figurée par les images de flux, de sève et de récipients, dans la mesure où elle signale, sous la forme polie et finie, tout le patient travail d'apprivoisement de la source.

Si Ronsard est apparu comme le chef de file de cette diversité tant prônée, c'est que, plus que tout autre, il s'assigne la tâche de l'attirer en ses vers et qu'il ne souhaite pas la poursuivre seulement dans l'apparence chatoyante des choses. Il appartient au poète, comme le prouve l'«Hymne des Astres», de scruter le tableau grouillant du monde qui contraste si fortement avec celui des corps célestes, et c'est le mouvement, en ses manifestations nombreuses, la transformation qu'il retient comme l'essence même de la variété[210].

Avec Ronsard, la «fantaisie»[211] s'est emparée des métaphores paysagères et horticoles pour construire des mythes de l'abondance, d'autant plus instructifs que la pensée théorique est rare chez lui. Quelques grands textes recourent à la fable pour éclairer d'une façon peu didactique les intentions et les interrogations du poète. On découvre alors, métamorphosées par la fresque narrative, les métaphores que l'usage avait plus ou moins cantonnées dans une métalangue rapide[212]. Ronsard bouleverse et amplifie le lieu commun qu'il repense totalement en fonction de son regard sur la variété mobile pour déployer en vastes fictions les figures de la diversité et de la production textuelle. Un seul critère guide la poétique et la rhétorique du lieu commun, la volonté de faire siens les flux universels. Tandis que les premières méditations s'organisent davantage comme

---

Complainte de Glauque à Scylle Nymphe», «Le Rossignol, chantant et faisant son nid dedans un genévre».

[209]   Rimbaud, «Le Bateau ivre».

[210]   Ronsard s'éloigne aussi du renouveau de Jean Lemaire et de celui de Clément Marot. Pour ce dernier on peut distinguer au moins trois discours sur la variété : celui du *Temple de Cupido*, 1515, celui de l'«Eglogue au Roy, soubs le nom de Pan et Robin», 1539, et celui des *Pseaumes*, 1539. Nous renvoyons à nouveau au livre de Terence Cave qui expose la spécificité de l'abondance ronsardienne, *The Cornucopian Text*, *op. cit.*

[211]   «Hynne de l'Automne».

[212]   Ronsard aussi, en d'autres pièces, ébauche à peine le paysage des styles.

des mythes de la possession de tous les paysages et de l'espace[213] – revendication que Ronsard n'abandonne toutefois jamais totalement[214] –, les pièces ultérieures se préoccupent de plus en plus des processus souterrains de transformation que le théâtre du monde ne dévoile pas d'emblée. Un double mouvement parcourt l'œuvre : il va de l'abandon total à la fureur irriguant le monde jusqu'à la démarche opposée qui rationalise l'ivresse universelle pour en saisir l'essence. Même si le poète continue de clamer la soumission sans bornes à l'enthousiasme[215], il ne s'est pas moins glissé une distance réflexive que le soin nouveau du jardinage, appliqué aux possibilités de fructification du texte, met plus en lumière encore que les hymnes des saisons. Ces pièces, importantes en ce qu'elles ont valeur d'arts poétiques, dessinent depuis la préface des *Odes* une lente évolution que dissimule la réorganisation générale de l'œuvre ; elles posent une interrogation à la mesure des ambitions et des défaites. Rivaliser avec le Créateur et mettre la poésie en mouvement, c'est tout embrasser, le visible ou l'invisible, devenir maillon de la chaîne dynamique qui lie toute chose, s'abreuver au suc universel. À l'impossible le vrai poète se sent tenu[216].

Si l'art entend communiquer une vision idéale, Ronsard veut mettre à jour la puissance invisible qui anime de l'intérieur la «copieuse diversité». Au Protée des *Géorgiques*, à la peinture des saisons et de leurs travaux, il préfère les principes de l'éternel «change». Et plus que la théorie poétique antique de la variété, ou que la *copia* érasmienne, la philosophie semble orienter ses choix. La vision d'un monde en continuelle mutation, d'une diversité vivante et non pas statique, puise au cœur de la métamorphose pythagoricienne[217], emprunte à Empédocle l'idée d'une variété conflictuelle, se nourrit d'Aristote pour qui la matière doit se réaliser dans

---

[213] «À Michel de l'Hospital»; «Le Voyage d'Hercueil»; «Hynne de Bacchus».

[214] «Elegie à N. de Nicolay», éd. Gallimard, t. II, p. 1125; éd. P. Lmn., t. XV, p. 371; «Hynne des Astres», éd. Gallimard, t. II, p. 623; éd. P. Lmn., t. VIII, p. 150; «Response aux injures et calomnies», éd. Gallimard, t. II, p. 1044; éd. P. Lmn., t. XI, p. 116.

[215] «La Lyre».

[216] Il semble qu'un désir identique anime Isaac Habert dans *Les Trois Livres des météores*. Les divers paysages de la Création y sont parcourus jusqu'au jardin. Le troisième livre se termine par une plongée dans les mystères des antres et de la naissance des pierres. Ainsi le poète se voit investi des secrets de la croissance et de la métamorphose minérale et métallique. I. Habert, *Les Trois Livres des méteores*, Paris, Jean Richer, 1585.

[217] *Métamorphoses*, Livre XV. Des passages d'Ovide consacrés à Pythagore peuvent expliquer cette variété en mouvement, en particulier le traitement des saisons avec la progressive maturation de l'an et l'idée que n'existe pas d'état définitif de la matière. Ronsard cependant gomme toute considération mélancolique ou négative. Il écrit des mythes de la construction.

la forme, n'est pas toujours étrangère à l'atomisme en mouvement du *De Natura rerum*[218], épouse, bien sûr, les grands flux qui parcourent la nature chez les néo-platoniciens.

En conséquence, les lieux communs du paysage ou du jardin, sous l'effet de cette vision de la variété, s'appréhendent dans le changement et dans la durée. Les convictions du poète le conduisent à des choix : paysage mais en mouvement ; germination et maturation plutôt que floraison ; équilibre instable des contraires dans la définition de chaque saison ; jardinage plus que jardin. La tentation d'épouser la diversité par une remontée à ses principes fondateurs est inséparable d'une esthétique du prodigieux[219]. En cela Ronsard renouvelle totalement l'héritage. Tout poème de l'abondance retrace un rite complexe d'accès au divin. A partir de cette nécessité de se plonger totalement dans le flux – «À Michel de l'Hospital» le dit précisément –, la fureur se fait art visionnaire. En ce sens, puisque l'appréhension du divers changeant se subordonne à l'imagination des circulations souterraines, Ronsard se distingue clairement, dès l'avis au lecteur en tête des *Odes* et «Le Voyage d'Hercueil» en 1552, par une approche maniériste du réel. Or, bientôt, le maniérisme évolue de la vision intérieure à la *mimesis* de la nature en mouvement[220].

Il va sans dire, qu'à l'exemple de la nature, les mythes textuels proposent autant d'allégorisations des ressources infinies de la rhétorique en sa faculté d'amplifier[221]. Les odes, les hymnes et les autres textes à forme souple retenus pour cette étude observent les procédés de reproduction, de croissance et de transformation de la nature, calquent leur mouvement sur les emblèmes de prolifération textuelle : vigne, graines, vases, corne d'abondance, lyre, renouveau lié aux quatre saisons. Selon les recom-

---

[218] En particulier dans «Le Voyage d'Hercueil», éd. Gallimard, t. II, p. 823 ; «Les Bacchanales», éd. P. Lmn., t. III, p. 184.

Malcolm Quainton parvient à des conclusions voisines en s'appuyant sur quelques grands textes de la mobilité. *Ronsard's ordered Chaos*, éd. cit., p. 31 et *sq.* On se reportera à la page 50 où il recense tous les mouvements de la matière.

[219] Une étude stylistique du caractère miraculeux de l'abondance et de la diversité serait intéressante.

[220] Nous empruntons ici à Michel Jeanneret l'explication claire qu'il donne de cette autre forme du maniérisme moins tourné vers la *natura naturans* que vers l'*ars naturans: Perpetuum mobile*, éd. cit., p. 239.

[221] Ce sont les remarques de Jean Lecointe, *L'Idéal et la différence*, éd. cit., pp. 589-590, que nous appliquons à Ronsard.

[...] la rhétorique de l'amplification nous paraît présenter un grand intérêt théorique. Elle abolit en effet la frontière entre la théorie antique des figures et la théorie des lieux, la première opérant traditionnellement à un niveau qu'on pourrait désigner comme «microstylistique», la seconde «macrostylistique». A certains égards elle intègre même dans le mouvement la théorie de la disposition.

mandations d'Erasme, et selon les techniques de *variatio*, on y assiste à la dilatation considérable de ces noyaux de base. Si l'on considère que Ronsard, en ces textes discrètement normatifs, dilate les procédés métalinguistiques visant à signaler la perfection et ses modèles – «poésie est un pré de diverse apparence», par exemple – pour en faire le sujet même du poème, on a sous les yeux une véritable démonstration de *copia*. La nature lui impose non seulement le mouvement de prolifération, mais aussi des principes d'organisation dynamique de l'œuvre en pulsions incompressibles[222], en forces contraires qui parviennent à s'équilibrer[223]: c'est aussi la leçon des saisons et du jardinage.

---

[222] Certains textes, entraînés par le mouvement d'aspiration de l'ivresse et ses élans, laissent penser à l'absence de composition.

[223] Il semble que bien des pièces au désordre apparent obéissent profondément à cette investigation des richesses du réel: dans leur fluidité, les textes plus anciens épousent une progression horizontale à l'inverse de ceux qui partent quêter dans les profondeurs le mystère de la transformation et retracent, par le conflit, l'équilibre à gagner.

DEUXIÈME PARTIE

DU PAYSAGE AU JARDIN :
LES DEGRÉS ET LES COULEURS
DE LA NATURE

Posée la règle première de la variété et la parenté essentielle de la poésie avec la nature, la théorie littéraire comme la pratique, dans le respect de la tradition, ont donc distingué trois paysages. Le moment est venu de comprendre les relations entretenues, dans la poétique de Ronsard, entre ces trois types de nature. Quand les Muses demandent à Jupiter de régner sur la diversité, les trois styles sont explicitement distingués par trois éléments paysagers représentatifs, dans l'ordre, du grand style, de la bucolique et de la géorgique :

> Fay nous Princesses des montagnes,
> Des antres, des eaux et des bois,
> Et que les prez et les campagnes
> S'animent dessous nostre vois [...][1].

DEGRÉS DU PAYSAGE

Face aux degrés du paysage propres à la théorie des trois ou des deux styles[2], deux poétiques, également issues du culte virgilien, et illustrées par les *Silves* d'Ange Politien, vont, l'une s'exercer à cultiver le propre d'un ou de deux paysages, la plupart du temps le bucolique, plus rarement le géorgique, l'autre parcourir la triple diversité afin d'égaler Virgile.

Plus concrètement pour le premier groupe, Clément Marot[3], Joachim Du Bellay avec les *Jeux rustiques*, Jacques Peletier en ses saisons, Jean-Antoine de Baïf et Ronsard s'essaient au paysage bucolique. Ils le revendiquent comme une voie vers le Parnasse, ce qui plaiderait pour l'abandon de la hiérarchie des paysages. Ailleurs, on peut remarquer le souci de différencier de façon nette la géorgique avec son sujet plus tech-

---

[1] « À Michel de l'Hospital », vers 345-348 : éd. Gallimard, t. I, p. 627 ; éd. P. Lmn., t. III, p. 118.

[2] Ceci est expliqué au début de la première partie.

[3] Dans les églogues, et particulièrement « Eglogue au Roy, soubs les noms de Pan et Robin ».

nique ou plus scientifique, dans le pur respect de la convenance et du
naturel typiquement attaché aux travaux du jardin : ce sont, pour offrir une
sélection représentative, « Amour de Vertun et Pomone » de Jean-Antoine
de Baïf[4], ou bien des éloges plus tardifs de la vie rustique comme *Les Plai-
sirs et felicitez de la vie rustique* de Germain Forget.

Du deuxième groupe, représenté par une poésie qui se voudrait refléter
toute la nature, seul Ronsard peut se réclamer et certainement Du Bartas,
bien que dans un style différent. Est-ce à dire que Ronsard y soit tout à fait
parvenu ? Non, si l'on se place dans l'optique rigide des trois paysages,
puisqu'il délaisse presque totalement la campagne cultivée et les jardins[5],
malgré des professions de foi réitérées où il se présente comme le chantre
de l'espace total. Que l'on vienne, en revanche, à considérer l'essence de
ses paysages, et l'on voit alors, plus que la variété des lieux, s'imposer la
possession de toute l'étendue sacrée. Il opte volontiers pour le lieu idyl-
lique, val ombragé arrosé d'un cours d'eau, mais, à la manière de Virgile,
où qu'il se trouve, le souffle divin fait tout palpiter, et c'est par la vitalité
plus que par la tripartition que se manifeste pour lui la totalité. Dans la
mesure où le paysage d'élection englobe tous les tons et réalise ce
mélange des styles pratiqué par Virgile en un même discours[6], Ronsard
abolirait la distinction entre les trois paysages, sans toutefois la nier puisqu'elle ressurgit périodiquement[7]. Tel Mercure voyageant par le monde,
le poète construit le mythe de l'ubiquité poétique[8] et, lorsqu'il le souhaite,

---

[4]   A. de Baïf, *Huitiesme Livre des Poemes*, dans les *Euvres en rime*, t. II, *op. cit.*,
      p. 387.

[5]   On verra plus loin que derrière cette absence se cache une revendication stylis-
      tique.

[6]   Macrobe, *Saturnales*, I, 84-96. Claude Binet, dans son *Discours de la vie de
      Pierre de Ronsard*, Paris, Gabriel Buon, 1586, reconnaît à Ronsard cette faculté
      de ne pas se cantonner dans un seul style :

      De tous les Poëtes qui ont esté jusques à present, les uns ont emporté
      l'honneur pour le poëme epique, et les autres pour le lyrique, et ainsi des
      autres : mais faisant comparaison avec chacun poëte particulier, il est au
      lieu de tous, et entre tous unique. Qui n'admireroit son divin genie, la
      grandeur et venerable majesté de ses conceptions, comme il est floride,
      rond, resséré, pressé quand il veut, egal à son sujet, nombreux, elegant et
      poli, plein de propres epithètes, riche de mots et termes significatifs,
      agreable en comparaisons industrieuses, elabourées et recherchées, et en
      toutes ces choses autant et tousjours semblable à soimesmes comme en
      varieté d'inventions et d'argumens il est tousjours dissemblable et diffe-
      rent.

[7]   « À Michel de l'Hospital », 1552 ; « Discours à Loys Des Masures », 1560 ; « Res-
      ponse aux injures... », 1563.

[8]   « Hynne de Mercure », 1585, éd. Gallimard, t. II, p. 612 ; éd. P. Lmn., t. XVIII,
      p. 265. L'« Hynne des Astres » et l'« Hynne de la Philosophie » exigent aussi de
      la poésie qu'elle conquière tout l'espace.

la répartition se brouille entre les paysages. Une nature grandiose, terrible, et qui sentirait son artifice n'a plus de raison d'être[9]. Les détracteurs de l'obscurité poussent également le poète dans la voie de la simplicité que Du Bartas, pour sa part, ne revendique pas. Ce dernier, confondant son regard avec celui de Dieu au septième jour de la création, loue la perfection de « l'infini paysage »[10], sa diversité riche des contrastes dont il ne repousse aucun des degrés ; chacun des deux poètes réclame la totalité de la nature, mais sans mettre en œuvre les mêmes moyens.

PAYSAGE ET JARDIN :
OPPOSITION ET COMPLÉMENTARITÉ

Que le choix pour tel type de nature se fasse en fonction de raisons culturelles, ou qu'il réponde à une inclination personnelle[11], dans les deux cas un débat surgit sur l'art et le naturel où chacun situe sa propre esthétique, par le biais des trois paysages. Si, la plupart du temps, les poètes élisent la géorgique et la bucolique, Ronsard voit dans son œuvre, en quelque sorte, une « silve » stylistique ouverte à la plus grande diversité.

> Comme celuy qui voitdu haut d'une fenestre
> Alentour de ses yeux une plaine champestre,
> Differente de lieu de forme et de façon :
> Ici une riviere un rocher un buisson
> Se presente à ses yeux : et là s'y represente
> Un tertre une prairie un taillis une sente,
> Un verger une vigne un jardin bien dressé,
> Un hallier une espine un chardon herissé :
> Et la part que son œil vagabond se transporte,

---

[9] Ronsard ôte ces touches de style épique des descriptions qui théoriquement s'en réclameraient. Même *La Franciade* reste sobre. Dans le palais d'Océan que découvrent les Muses de l'ode « À Michel de l'Hospital » ou dans l'antre d'Auton, par exemple, et dans l'« Hynne de l'Automne » – pourtant « horrible » (vers 179) – Ronsard pratique la suggestion descriptive. Une désinvolture certaine du ton, mais parfaitement calculée, interdit probablement la grandeur austère.

[10] Du Bartas, *La Sepmaine*, Le septième jour, éd. établie par Y. Bellenger, Paris, STFM, 1993, v. 49.

[11] Clément Marot dans « Eglogue au Roy, soubs le nom de Pan et Robin », impute à l'histoire personnelle son double goût pour la nature sauvage et la terre cultivée ; Ronsard, avec l'« Hynne de l'Automne », laisse croire à une attirance pour le paysage tout baigné par la grandeur effrayante de l'épopée (vers 33-36). Virgile, pour sa part, affirmait être gêné par la géorgique, ou par le style moyen soumis à des règles plus strictes qui brident l'élan (*Géorgiques*, III, vers 289-290).

> Il descouvre un païs de differente sorte,
> De bon et de mauvais [...][12].

Fût-elle recherchée dans un désordre apparent qui ne fait que distraire de l'unité du projet, cette liberté se tourne vers le visage contrasté du monde. La poésie ouvre sur le cosmos, et pourrait en apparence rejoindre l'encyclopédisme paysager de Du Bartas[13] ou bien tout le courant rustique qui oscille de la veine pastorale à la variété impressionnante des travaux agricoles. Ailleurs, pourtant, Ronsard, autrement plus sélectif que dans le «Discours à Loys Des Masures», s'emploie à définir ses choix en fonction de son naturel et oppose à la grâce du paysage sauvage la raideur du jardin :

> Les chesnes ombrageux, que sans art la Nature
> Par les hautes forests nourrist à l'avanture,
> Sont plus doux aux troupeaux, et plus frais aux Bergers
> Que les arbres entez d'artifice és vergers [...][14].

Tandis que la diversité et l'abondance sont l'apanage de la terre cultivée, que Ronsard reconnaît aux soins du jardinier la faculté d'accroître les potentialités de la nature[15], lorsqu'il est amené à s'exprimer sur ses préférences en matière de paysage, il rejette le jardin[16]. Cette seconde nature travaillée, contrainte, s'assimile, non pas tant peut-être au style intermédiaire – où, il est vrai, Virgile a aperçu bien des servitudes – qu'aux ruses trop ostensibles de l'art. C'est à partir de cette distinction que s'orientent les choix de Ronsard pour le paysage sauvage plus que pour le jardin. La «Bergerie», écrite en 1564 ou en 1565[17], prouve que le poète, sous l'influence avouée de Sannazar[18], déplace nettement la traduction

---

[12] Vers 2-11: «Discours à Loys Des Masures», éd. Gallimard, t. II, p. 1017; «Elegie à Loïs Des Masures tournisien»; éd. P. Lmn., t. X, p. 362.

[13] Les constructions parallèles et accumulatives du début du «Septième jour» sont significatives de cet encyclopédisme.

[14] «Bergerie», vers 1-4: éd. Gallimard, t. II, p. 143; éd. P. Lmn., t. XIII, p. 75; il faut y ajouter les vers suivants.

[15] Un texte ajouté au *Bocage royal* en 1587 et faisant office de préface reprend ces deux emplois du jardin métaphorique; éd. Gallimard, t. II, p. 135; éd. P. Lmn., t. XVIII, p. 233.

[16] Cette distinction ne se pose pas lorsqu'il utilise le jardin comme motif souvent obligé de la lyrique amoureuse. C'est pourquoi ces références, dont la plus célèbre, «Mignone, allons voir si la rose», n'apparaîtront pas dans cette étude.

[17] Les deux dates sont respectivement proposées par A. Hulubei et par P. Laumonier, éd. Gallimard, t. II, p. 1345.

[18] J. Sannazar, *Arcadie*, trad. par Jean Martin, Paris, M. Vascosan et G. Corrozet, 1544, Préface, p. 3.

> Les grans et spacieux arbres produictz par nature sur les hautes montagnes, ordinairement se rendent plus agreables a la vue des regardans,

traditionnelle des paysages associés aux trois styles et à leurs couleurs vers une tout autre lecture. S'il conserve en apparence l'opposition entre les styles élevé et humble, mais s'il s'emploie en fait à effacer la frontière en sacralisant le second pour le hausser vers le premier, ses paysages opposent désormais l'art guindé du jardin au naturel autrement plus savant de la nature sauvage.

Le naturel contre l'art humain

Car tousjours la nature est meilleure que l'art[19].

Dans quel sens comprendre le discrédit jeté ici sur le jardin, si l'artiste doit calquer la nature dans toute sa variété? Bien que la très fréquente métaphore de l'œuvre-jardin désigne la perfection poétique, elle se trouve moins utilisée que la bucolique. Somme toute, en dehors des épîtres liminaires et des préfaces, elle est assez peu développée à la Renaissance pour l'exploitation poétique qu'elle offrirait[20]. Aucun art poétique ne donne de directive précise et ne condamne le jardin comme lieu poétique. Bien au contraire, très sollicitée, la métaphore, lorsqu'elle se rapporte à la mission ardue du travail poétique, y subit une importante inflation: mais elle fonctionnerait davantage comme un outil pour désigner la rigueur de la tâche, quelle qu'elle soit, sans distinction de style[21].

En quoi consiste donc ce naturel recherché dans un paysage non contrôlé par la main du jardinier? Dans l'imitation de la variété assurément, mais, comme il revient à la poésie de calquer la nature artiste, il va de soi que le naturel stylistique tend à effacer un art trop visible, qu'il s'emploie à donner l'illusion d'une perfection innée, qu'il affecte le négligé de la nature. Le primat de la poésie voudrait exclure l'art, une certaine conception de l'art. Le poète s'applique à gommer ce que les traités

---

que les plantes songneusement entretenues en vergiers delicieux par jardiniers bien experimentez. Aussi le chant ramage des oyseaux qui par les forestz se degoysent sur branches verdes, faict autant de plaisir a qui les escoute, que le jargon de ceulx qui sont nourriz es bonnes villes, et aprins en cages mignotes.[...] Pareillement une fontaine bien bordée d'herbes verdoyantes, et qui naturellement sort de roche vive, se presente aussi gaye a la veue que les artificielles diaprées de marbre de toute couleurs.

[19]   «Bergerie», vers 16.

[20]   Quelques poèmes narratifs de la vie rustique reprennent aux *Géorgiques* la métaphore du jardinage poétique. Mais, la plupart du temps, les travaux de la terre se limitent à l'évocation du bonheur rural sans qu'il soit possible de leur prêter avec certitude une dimension métalinguistique.

[21]   J. Peletier, *Art poétique*, II, 8: Jacques Peletier recommande un jardinage utile et rigoureux par l'usage raisonné de l'artifice.

dévoilent et recommandent, serait-ce même la *Deffence*[22]. À côté du mythe sous-jacent du poète possédé que Ronsard entretient toujours, il fixe, dans son penchant pour une nature plus libre, les règles du grand art : dissimulation de l'effort, ordre gracieux, vraisemblance[23], sans oublier l'impérieuse liberté du poète, cette brèche de la différence hautaine qu'il entend toujours préserver[24]. La liberté s'affirme justement dans le sauvage, dans l'apparence du non discipliné. Avec la sinuosité des arbres sauvages, de la rive herbue ou du corps de la nymphe, on retrouve ce même mouvement qui anime les grandes compositions implexes des hymnes. En ce sens, et en ce sens seulement, le jardin, image déformée de la nature, serait chez Ronsard quasiment frappé du même anathème que la nature reflétée et gauchie par l'art chez Platon. Le naturel savant, d'allure désinvolte, s'érige quant à lui en forme supérieure de l'art[25].

« La naïve escriture »[26] toute pénétrée de fureur amène à s'interroger sur le sens de ce « naïf », catégorie dont se réclame souvent la théorie poétique des années 1550[27]. La variété se présente bien comme une allégeance à la nature extérieure et à l'enthousiasme intérieur. Mais si les métaphores guident le poète vers le multiple du monde, les arts rhétoriques antiques ont aussi établi des équivalences entre le style choisi et le tempérament de l'orateur. La « naïve escriture » provient d'un mélange d'adéquation à l'élan intérieur et d'écoute des idiosyncrasies personnelles qui poussent tout particulièrement Ronsard vers tel aspect de la *copia*, étant entendu que, dans la philosophie ronsardienne, ces mises en mouvement de l'âme, de l'esprit, du corps, du texte et de la nature obéissent au souffle divin. L'aptitude à la poésie, qui relève de la « naïveté », est une particularité propre au poète. Mais, compte tenu que cette faculté est donnée par les Muses, la conformité du poète avec sa nature première devient conformité avec la nature. Ces restrictions posées, le naturel propre à chacun est, au demeurant, encouragé par la théorie de l'imitation qui recommande un certain degré de correspondance entre le modèle et son imitateur[28]. Or, Ronsard étire jusqu'au regard intérieur cette définition du

---

[22] T. Sébillet, *Art poétique français*, I, 3, éd. cit., p. 58 ; la perfection passe par le travail d'imitation des maîtres, *Deffence*, I, 8.

[23] Pour ces trois piliers du naturel, Ronsard, « Bergerie », vers 5-16.

[24] Elle est clairement avancée aux vers 1108-1111 de la « Bergerie ».

[25] C'est déjà ce vers quoi tend Ange Politien dans ses *Silves*.

[26] Vers 550-551 : « À Michel de l'Hospital », éd. Gallimard, t. I, p. 626 ; « Ode à Michel de l'Hospital », éd. P. Lmn., t. III, p. 118.

[27] Les arts poétiques s'interrogent sur la part à accorder à « la nature ». Le terme recouvre l'enthousiasme, donnée initiale, en opposition à l'art, et aussi le tempérament.

[28] Par exemple *Deffence*, I, 8.

naturel. Une fois digéré et dépassé l'enseignement des Anciens, la diversité apprise et observée dans le monde et chez les modèles, se métamorphose, sous l'effet d'une extrême sensibilité au devenir, en véritable culte de la forme souple. Il n'a de cesse d'en épuiser toutes les virtualités[29]. L'ode avec ses heptasyllabes et ses octosyllabes se prête à ces exercices de variation. Quand l'alexandrin des hymnes ne rend pas la légèreté et la rapidité, la sémantique et les procédés suppléent aux faiblesses du mètre[30].

Clarté et sélection ou l'autre abondance

Sans s'arrêter au motif du jardin étudié ailleurs pour son emploi dans les arts poétiques[31], on rappellera rapidement l'exigence de modération, de pertinence et de clarté dans l'emploi des tropes qu'implique le *topos* du jardin. En 1555, l'*Art poétique* de Jacques Peletier s'inscrit au cœur d'un débat d'actualité. Contre l'ostentation, l'enflure stylistique, il conseille vivement la retenue, la distribution calculée, la justesse des ornements. Peletier blame le style de Jean Lemaire de Belges dont les procédés amplificatoires hérités de Boccace dans *La Concorde des deux langages* et plus encore *Les Illustrations de Gaule*, célèbrent la fécondité textuelle, mais il dénonce certainement tout autant cette *copia* de Ronsard, «inconstante, et variable en ses perfections»[32]. Emportée comme un torrent dans le paysage, à en juger aussi par un sonnet de Du Bellay placé en tête de la première édition des *Quatre Premiers Livres des odes*[33], la poésie

---

[29] Le paysage métalinguistique ici étudié n'est pas le seul motif à manifester ces caractères. Les fictions mythologiques prouveraient la même démarche de mise en mouvement de l'hypotypose. Dans un autre domaine, «Le Temple de Messeigneurs le connestable, et des Chastillons» offre la matière d'une véritable iconologie historique en juxtaposant deux esthétiques, la statuaire gothique et le renouveau de l'allégorie apporté par l'Antiquité dans les figures et motifs plus souples de la fin: éd. Gallimard, t. II, p. 633; éd. P. Lmn., t. VIII, p. 72.

[30] Vers 5-42: «La Mort de Narcisse», éd. Gallimard, t. II, p. 346; «Le Narssis», éd. P. Lmn., t. VI, p. 73.

[31] Danièle Duport, voir «Du traité d'agriculture au jardinage poétique» dans *Le Jardin dans la littérature française de la Renaissance, op. cit.*

[32] Préface des *Odes*, «Au Lecteur».

[33] Ed. P. Laumonier, t. I, p. 56:

> Comme un torrent, qui s'enfle et renouvelle
> Par le degout des hauts sommés chenus,
> Froissant et ponts, et rivaiges connus
> Se fit (hautain) une trace nouvelle:
> Tes vers Ronsard, qui par source immortelle
> Du double mont sont en France venus
> Courent (hardis) par sentiers inconnus
> De même audace, et de carriere telle. →

nouvelle de Ronsard est fortement condamnée. Pour Jacques Peletier, les mérites du verger l'emportent sur les inutiles artifices du jardin d'agrément. Ronsard se range a priori de ce côté dans son peu d'intérêt pour les ornements guindés, les «fontaine(s) en marbre magnifique(s)» étant de loin surclassées par «la source d'une eau saillante d'un rocher»[34]. Or, autour de la même dichotomie divergent pourtant deux esthétiques. Ronsard, en 1564[35], glisse dans le prologue de sa «Bergerie» l'un de ces fragments d'art poétique qu'il dissémine au gré de son œuvre, et, par-delà la référence à Quintilien, à Peletier, et surtout à l'*Arcadie* de Sannazar, il prend place dans l'échange sans cesse entretenu sur le paysage poétique idéal. Contre les raideurs d'une beauté factice qui prétendrait rivaliser avec celle de la nature, il porte au pinacle l'art déguisé en naturel, avide d'un autre ordre. La multiplicité du réel en mouvement derrière l'apparente simplicité, seul un art capable de simuler les créations de Dieu saurait les transcrire. Quand, à partir de 1552, puis, de plus en plus, sous l'influence de l'anthologie grecque, Ronsard se tourne vers une poésie débarrassée des obscurités et des artifices qu'on lui a reprochés, son art se réclame de ce naturel qui dépasse le «chant contraint du Rossignol en cage»[36], et ne tient pas seulement à l'adoption du style humble. La figure du jardin utile, chez Jacques Peletier, contient aussi l'ordre géométrique que Ronsard décentre franchement dans ses rythmes et le déhanchement asymétrique de ses compositions[37]. Si Ronsard atteint la clarté, elle est d'une autre nature que celle du «verger de bons arbres fruitiers» disposés en quinconce[38]. Les deux poètes se rejoignent simplement sur le refus de l'artifice visible, sur l'emploi parcimonieux des ornements[39]. Les exi-

---

C'est ce mouvement même, poursuivi par Ronsard dans la diversité du monde, que traduisent les enjambements et les substituts métaphoriques de la fureur.

[34] «Bergerie», éd. Gallimard, t. II, p. 143, vers 10 et 7; éd. P. Lmn., t. XIII, p. 76.

[35] Date avancée par P. Laumonier pour la «Bergerie». Voir éd. Gallimard, t. II, p. 1345.

[36] «Bergerie», vers 6.

[37] On retrouverait chez Antoine de Baïf quelques points communs avec Ronsard dans l'emploi des différents *topoï*: souplesse du vers dans «Amour de Vertun et Pomone» (p. 388, *Euvres en rime*, Genève, Slatkine, 1966), adoption d'un art plus naturel dans la description de la grotte d'Orphée (le pilier qui soutient la voûte a été fabriqué par la nature): «Les Muses», t. II:

> [...] une voute naïve
> La se haussoit dessous la roche vive,
> Qu'un grand pilier nay là du mesme lieu,
> Non façonné soustenoit au milieu.

[38] J. Peletier, *Art poétique*, I, 9.

[39] *Ibid.*, I, 9:

> En toutes sortes d'ornements, faut éviter l'ostentation: et les entremêler quelquefois dissimulément, et comme si c'était par mégarde et incuriosité.

gences de clarté et de sélection obéissent alors à une convenance entendue comme une adéquation supérieure au naturel hors de soi et en soi.

Artifice et mouvement

Conformément aux intentions annoncées en tête des *Odes* de 1550, Ronsard entend traduire la diversité de la nature. La description d'un panier décoré de peintures, dans «La Defloration de Lede», en témoigne :

> La mer est peinte plus bas,
> L'eau ride si bien sur elle,
> Qu'un pescheur ne ni'roit pas
> Qu'elle ne fust naturelle[40].

Les penchants du poète pour une *mimesis* en mouvement prouveraient déjà de quel côté se tourne l'illusion de réel. Si les références à Apelle et Zeuxis redisent que Poésie est peinture, la poésie, inférieure en ce qu'elle ne dispose que des mots, éveille en revanche des mondes parce qu'elle est musique[41]. L'ardeur poétique souffle donc des «inventions»[42] «représentant» «au vif»[43]. Dès le début, et même très tôt, avec «À son lut», la première ode française[44], le poète-prophète acquiert cette faculté de traduire, en fictions ou non, plus que la variété, sa musique[45]. Soumis à la «fantaisie» le réel semble bien agité du même mouvement que l'esprit, jamais «en repos», qui le contemple.

> La Poësie est un feu consumant
> Par grand ardeur l'esprit de son amant,
> Esprit que jamais ne laisse
> En repos tant el' le presse[46].

Le tableau du «variant»[47] dans les recueils ultérieurs, *Le Cinquiesme Livre des odes*, par exemple, avec «À Michel de l'Hospital» et «Le Voyage d'Hercueil», s'oriente vers la vision d'un monde en mouvement. Le travail rythmique de l'élan, de la course ou du rapt de l'esprit emportent le vers de façon caractéristique. Dans les paysages sacrés, plus

---

[40] Vers 89-92 : éd. Gallimard, t. I, p. 774 ; éd. P. Lmn., t. II, p. 67.
[41] «À son Lut», éd. Gallimard, t. I, p. 962 ; «À son luc»; éd. P. Lmn., t. II, p. 155.
[42] *Ibid.*, vers 47.
[43] *Ibid.*, vers 67.
[44] Précision apportée par P. Laumonier, t. II, p. 155, note 2 et p. 156, note 1.
[45] *Ibid.*, vers 61-80.
[46] *Ibid.*, vers 41-44.
[47] Vers 65 : «Ode XI», éd. Gallimard, t. I, p. 888 ; «Au comte d'Alsinois»; éd. P. Lmn., t. III p. 177.

fidèles au moule de la tradition[48], et dynamiques dès que Ronsard se les
approprie, si l'on devine l'influence des rythmes de Pindare et d'Horace[49],
la dynamique rythmique et thématique est déjà une donnée acquise de la
poétique. Le passage à une poésie plus humble[50] ne change pas ce par quoi
s'est affirmée la maîtrise efficace du divers fuyant. Les hymnes surtout
vont offrir un déploiement à son esthétique de la surnature animée.

Par tous ces traits la variété chez Ronsard participe largement d'un
naturel artistique maniériste[51]. La comparaison des représentations de la
«copieuse diversité», jusqu'alors retenues, avec celles d'un texte réputé
maniériste va toutefois introduire quelques précisions supplémentaires.
Le «chant pastoral sur les nopces de Monseigneur Charles duc de Lorraine»[52] propose un exercice assez rarement pratiqué par Ronsard, la description d'un lieu réel, ici la grotte de Meudon[53].

> Eux devots arrivez au devant de la porte,
> Saluerent Pallas qui la Gorgone porte,
> Et le petit Bacchus, qui dans ses doigts marbrins
> Tient un rameau chargé de grappes de raisins [...]
> [...] Puis prenant hardiesse ils entrerent dedans
> Le saint horreur de l'Antre, et comme tous ardans
> De trop de Deïté, sentirent leur pensée
> De nouvelle fureur brusquement insensée.
> Ils furent esbahis de voir le partiment
> En un lieu si desert, d'un si beau bastiment :
> Le plan, le frontispice, et les piliers rustiques,
> Qui effacent l'honneur des colonnes antiques :
> De voir que la nature avoit portrait les murs
> De grotesque si vive en des rochers si durs :
> De voir les cabinets, les chambres et les salles,

---

[48]   Par exemple, «À Calliope», «De l'Election de son sepulchre». Le paysage de
       Ronsard est étudié dans la partie suivante.

[49]   Ronsard se souvient d'Horace et d'une nature parcourue par le mouvement des
       divinités, mais il en accentue le dynamisme.

[50]   Quand il affirme préférer aux eaux troubles d'un fleuve celles d'un petit «ruis-
       selet»: «Discours à Jean Morel, Ambrunois», éd. Gallimard, t. II, p. 821; «A
       Jean Morel, Ambrunois», éd. P. Lmn., t. VII, p. 225.

[51]   Pour une analyse du maniérisme littéraire : *La Poésie française et le maniérisme,
       1546-1610*, introduction de Marcel Raymond, Genève, Droz, 1971.

[52]   «Eglogue III ou chant pastoral sur les nopces de Monseigneur Charles duc de
       Lorraine, et Madame Claude, fille deuxiesme du Roy Henri II», éd. Gallimard,
       t. II, p. 182; éd. P. Lmn., t. IX, p. 75.

[53]   La grotte de Meudon est construite à partir de 1550. Voir l'étude de la grotte et
       du texte de Ronsard par A. M. Lecoq: «*Queti et musis Henrici II. Gall. R.*, sur la
       grotte de Meudon», dans *Le Loisir lettré à l'âge classique*, Essais réunis par
       M. Fumaroli, Ph. J. Salazar et E. Bury, Genève, Droz, 1996.

Les terrasses, festons, guillochis et ovales,
Et l'esmail bigarré qui resemble aux couleurs
Des prez quand la saison les diapre de fleurs :
Ou comme l'Arc-en Ciel qui peint à sa venue
De cent mille couleurs le dessus de la nue[54].

L'hypotypose s'en tient à une amplification du verbe « voir », par accumulation des composantes rapidement passées en revue : la grotte impose d'emblée l'interprétation architecturale du lieu sauvage avant de jouer, comme toujours, sur les rivalités de l'art et de la nature : « la Nature avoit portrait les murs ». A cette première description où l'effet d'*enargeia* est obtenu par accumulation de notations descriptives contenues à la surface du réel et du référent, le poème, par le chant du berger Perrot, entendons Ronsard, propose un autre style qui évince celui du Primatice. La grotte inférieure, couverte de stucs et de peintures accueillait des fontaines. Voici comment Ronsard la transforme :

Tousjours tout à l'entour la tendre mousse y croisse,
Le poliot fleuri en tout temps y paroisse :
Le lierre tortu recourbé de maint tour
Y puisse sur son front grimper tout à l'entour,
Et la belle lambrunche ensemble entortillée
Laisse espandre ses bras tout du long de l'allée :
L'avette en lieu de ruche agence dans les troux
Des rustiques piliers, sa cire et son miel roux,
Et le freslon armé qui les raisins moisonne,
De son bruit enroué par l'Antre ne bourdonne [...][55].

C'est sur un hommage aux divinités de la nature que débute le chant, par une soumission absolue à ses grâces artistes, non pas à ses excès, que se comprend l'affectation du style. Art supérieur que celui qui héberge l'avette, que celui qui borne ses figures et son rythme à l'entortillement, à la courbe[56] et à la métamorphose. On identifiera ici, limités au motif de l'enlacement, les traits de cette *enargeia*, ou description en action[57], qu'on a pu observer dans les plus amples circulations rythmiques et thématiques des hymnes. Art maniériste, mais à condition d'être très retenu, qui ne quitte jamais des yeux les rigueurs de la convenance et se perdrait d'être purement décoratif et excessif. Progressivement se définit la lecture ronsardienne de ce courant artistique majeur.

---

[54]   « Eglogue III », vers 31-34 ; 41-56.
[55]   Vers 135-144.
[56]   Voir les jeux du polyptote (« tortu », « entortillé », « tour »), de l'épanode (« à l'entour » déplacé dans le vers), et tous les autres rapprochements de sonorités.
[57]   C'est ce que recommande la *Deffence*, I, 5.

Dès que Ronsard imite le paysage littéraire antique ou qu'il invente ses mythes de l'abondance textuelle, les hypotyposes successives sont soulevées, mises en mouvement, par son idée de la belle nature et de la variété, sujet et objet reliés par un même courant. On pourrait pareillement remarquer, dans *La Franciade*, les procédés qui grossissent potentiellement de métamorphoses en germes la description de l'antre du sommeil.

> Le Dieu vieillard qui aux songes preside,
> Morne habitoit dans une grotte humide :
> Devant son huis maint pavot fleurissoit,
> Mainte herbe à laict que la nuit choisissoit
> Pour en verser le jus dessus la terre,
> Quand de ses bras tout le monde elle enserre.
> Du haut d'un Roc un ruisseau s'escouloit,
> Remply d'oubly qui rompu se rouloit
> Par les caillous, dont le rauque murmure
> Des yeux flatez resserroit l'ouverture[58].

Sans aller toujours jusqu'à cette distorsion du visible en «fantaume vain»[59], où l'imaginaire, prenant le pas sur le spectacle du réel, figure l'abondance en pluie dorée de miel[60], où les inventions poétiques veulent rivaliser avec la nature elle-même, la poétique de Ronsard se pose avant tout comme l'esthétique d'une totalité dynamique. Une rêverie récurrente sur la transmission souterraine de toutes les sèves propulse la syntaxe comme tous les paysages au gré de l'ivresse.

L'artifice par atomisation

Parmi les adeptes de l'artifice ostensible, érigé en règle, on peut reconnaître au moins deux groupes : les poètes visionnaires de la diversité en mouvement dont Ronsard est le meilleur représentant et, à l'opposé, les partisans d'une atomisation de l'hypotypose.

Selon la définition de Giorgio Vasari qui caractérise l'art nouveau, l'artiste maniériste induit de son expérience de la nature l'Idée, qui ne provient plus ni d'une connaissance a priori ni d'une origine transcendante[61]. Elle se dégage donc du point d'ancrage où l'attachait le platonisme, pour trouver de nouveaux fondements tout à la fois dans la réalité et dans l'esprit de l'artiste. Quoique Ronsard ait toujours souscrit à une fureur trans-

---

[58]　*La Franciade*, éd. Gallimard, t. I., p. 1011, Livre II, vers 357-356 ; éd. P. Lmn., t. XVI, p. 12.

[59]　*Ibid.*, vers 416.

[60]　«Le Voyage d'Hercueil», éd. Gallimard, II, p. 823 ; éd. P. Lmn., t. III, p. 184.

[61]　L'évolution du concept d'«idée», en relation avec la théorie des arts, est exposée par E. Panofsky dans *Idea*, (1983), Paris, Gallimard, 1989, pp. 80-81.

cendante d'essence plus platonicienne que néo-platonicienne[62], la beauté perçue dans le multiple mouvant n'est ni dévalorisée ni exaltée au nom de la perfection qu'elle reflèterait imparfaitement, mais est au contraire embrassée comme fin en soi. Il apparaît aussi que, loin de dénier à l'esprit ses pouvoirs, et non sans contradiction avec la prétendue soumission totale à l'enthousiasme, l'imagination, véritable outil d'investigation du réel, prend le relais des yeux. Elle s'écarte de l'idée de la nature parfaite, largement déterminée par les modèles antiques, pour conquérir les principes souterrains de la beauté changeante appelée à renouveler les canons de la beauté éternelle[63]. Encore une fois, le maniérisme pose le surgissement d'un style plus personnel, ou différent, conviendrait-il de dire, qui rejoint toutefois l'universalité chez Ronsard comme il sera précisé plus loin[64].

Le Chant pastoral sur les noces des tresillustres Princes et Princesses[65] de François de Belleforest évoque le lieu élu par les bergers pour y célébrer Pan, en haut des Pyrénées. Nouvel exercice de lecture du *locus amoenus* à peine démarqué de Ronsard. La grotte devient le temple du « saint pourpris » et on y admirera, prévenu par la fausse mise en garde, l'esthétique du trompe-l'œil :

> Car seule nature y decouvroit son art,
> Et sa naïveté luisoit de toute part[66].

La prétendue *mimesis* des talents de la nature met en valeur une nature artiste ou bien plutôt un art qui aurait retenu les leçons du naturel ronsardien. Stratégie maniériste par excellence qui procède à peu près techniquement à la manière de Ronsard[67].

---

[62] Ceci dans le sens où il réitère ses dénégations de l'art et du travail. En conformité avec *Ion*, le poète est en apparence l'aliéné.

[63] Il convient de rappeler la définition de l'éloquence parfaite selon Cicéron pour voir comment Ronsard se situe par rapport à l'idée du beau style. Pour Cicéron, l'orateur doit tendre vers le modèle de la perfection oratoire qu'il porte en soi, modèle sublime construit par l'esprit. Pour Ronsard, c'est sans aucun doute la connaissance des modèles anciens, mais ensuite l'interrogation sur la nature et les principes du naturel, qui lui communiquent la forme du beau langage et viennent modeler l'idée de la perfection.

[64] Par l'écriture du mouvement, posée comme une exigence dès l'avis au lecteur en tête des *Odes*, on peut considérer que Ronsard est déjà maniériste. La date du texte « Le Voyage d'Hercueil » et les effets recherchés le confirmeraient.

[65] Ce chant, daté de 1559, s'inspire de Ronsard et de sa description de la grotte de Meudon dans « L'Hynne de Charles cardinal de Lorraine ».

[66] Le texte se trouve cité dans *La Renaissance bucolique*, Françoise Joukovsky, Paris, Flammarion, p. 198, vers 59-60.

[67] Perrine Galand-Hallyn, dans *Les Yeux de l'éloquence*, Paris, Paradigme, 1995, « Du style 'naturel' au style 'individuel'», explique que, dès l'Antiquité, les poètes maniéristes, Ovide et les écrivains de la seconde sophistique, installent dans le texte à la fois « la *mimesis* de l'illusion et sa dénonciation ».

Ils contemploient ce lieu, vouté et émaillé,
De rouge, jaune, verd, où estoit entaillé
Un ordre de piliers, desquelz le saint ouvrage
Surpassoit tout autre art, soit qu'en manequinage
L'on y cerchast de près les coulonnes ornées
Faites à la dorique, et en quarré tournées,
Ou qu'on y souhaitast quelque belle moulure
Qui de tout l'œuvre entier agençast la parure.
La mousse frisonnée et verte-palissante
Servoit de piédestal, et chasque belle plante
D'elle un base faisoit, seur pour tel edifice,
Propre à la deité, et aux Pasteurs propice
Pour celebrer, loüer, chanter, et decorer
Le Grand Pan des Gaulois, et pour y honorer
Le Dieu qui est tuteur de l'Espaignole plaine,
Et qui garde du loup les brebis porte laine.
L'architrave du lieu se faisoit aux rameaux
De mille et puis cent mill' verdoyans arbrisseaux,
Qui en un beau triangle en poincte se levoit,
Et tout le saint pourpris mignotement couvroit[68].

La description affiche les origines irréelles de ce temple poétique jadis bâti par les Oréades et les Dryades, en même temps qu'elle ombre de flou l'illusion produite par l'hypotypose. Belleforest reste en-deçà de l'accumulation ostentatoire des ornements et des séries descriptives. Mais Ronsard procède autrement : ce sont les ornements et les mouvements de la nature elle-même qui relèvent du plus grand art. Pour ce faire, il emploie le matériau brut et naturel, plus noble et plus sacré.

Que l'on se tourne maintenant vers Rémi Belleau pour avoir un aperçu de l'autre « naturel artiste ». Poétique du « bigarrement », de la couleur et du scintillement, de l'abondance conçue comme une parataxe de petites touches juxtaposées et non comme un puissant courant invisible qui relie les manifestations du multiple[69]. Dans la *Bergerie* le paysage est pratiquement réduit par la narration à l'architecture savante d'une galerie décorée de tableaux accompagnés ou non de commentaires poétiques : l'art plus que le naturel se donne à voir. Cette esthétique s'affiche surtout dans le « Papillon »[70] de Belleau.

---

[68] « Chant pastoral sur les noces des princes et princesses », *La Renaissance bucolique*, Paris, Flammarion, 1994, p. 198, vers 61-80.

[69] La technique descriptive est beaucoup plus proche d'une certaine préciosité de Pétrarque que de celle de Ronsard, sauf, et ce n'est pas un hasard, dans quelques pièces à Cassandre, par exemple, « À Cassandre », éd. Gallimard, t. I, p. 1195 ; éd. P. Lmn., t. II, p. 187.

[70] Éd. P. Lmn., t. VI, p. 97.

La variété ainsi comprise, miroir d'une richesse multiple et composite, risque de donner lieu à une poétique de l'amplification ornementale où la glorification de l'art importe plus que la diversité du monde. La vision fantasmatique du réel, soumise chez Ronsard à un regard capable de contenir tant le vaste horizon que les profondeurs, tient sa force de la cohérence de l'édifice. Une tout autre approche préside à la peinture des saisons chez Etienne Jodelle.

> Quand Phebus s'echauffe, et qu'il laisse
> Ses Jumeaus, je sors moy Deesse,
> Du chaud, du sec, du meurissant Esté :
> Toute fleur cede encor à la meurté.
> Ainsi que les fleurs il colore
> Du Printemps, mes épis il dore,
> Et mes épis dorent les champs encor :
> Cerés doree est plus riche que l'or.
> Je semble apres jeunesse tendre,
> Age meur faire au monde prendre,
> Qui tout soulage, et contente, et nourrit :
> Tout travail plaist quand sa moisson nous rit.
> Que du Roy, de la Roine l'age
> Tout meur, tout doré, vous soulage,
> En ramenant un age d'or pour vous.
> Du fruit des Rois depend le fruit de tous[71].

Une orfèvrerie délicate enchaîne les éléments par des inversions de constructions, des reprises de sonorités et de substantifs. Ces effets, par la succession glissée des sujets, assurent son mouvement à l'évocation du processus saisonnier. Dictés par la destination épidictique du poème, le jeu de miroitement sémantique et les reflets de l'or fondent une esthétique où l'artifice s'exhibe et s'enferme dans la circularité narcissique d'un art détaché du modèle naturel. L'écart avec la nature s'avère total. La diversité n'est pas seulement interprétation du réel par l'imagination ou par le regard intérieur, elle est blasonnée par « les moissons » de l'art qui chantent cette nouvelle maturité.

L'évolution logique d'une poétique de la variété s'achemine de la représentation de l'objet à l'affirmation du sujet et à l'exhibition des procédés, quelles que soient les modalités de l'une et de l'autre. Bien qu'il soit délicat de simplifier – et la réfutation viendrait aussitôt de l'exemple d'Etienne Jodelle peut-être à mi-chemin –, on peut donc déceler deux manières qui interprètent le réel et ramènent l'artiste au premier plan. La première, celle de Ronsard, voit dans l'inconstance fondamentale de la diver-

---

[71] Etienne Jodelle, *Œuvres complètes*, éd. E. Balmas, Paris, 1965, t. II, p. 281 ; le texte figure dans *La Renaissance bucolique, op. cit.*, p. 206.

sité la marque propre du naturel, si bien que syntaxe, rythme et procédés concourent vivement à ce mouvement de déséquilibre, de désordre, où l'art suprême trouve son ordre et son harmonie. De plus, il faut ajouter que la variété qui commande l'amplification, à de rares exceptions près, bannit chez lui la spécification exhaustive[72], les excès de la synonymie, pour élire plutôt une certaine brièveté, le propre de l'élégance ronsardienne[73]. La seconde manière, quelles que puissent être les réussites individuelles, entend les richesses de la nature et du style tantôt comme l'épuisement de la corne d'abondance[74], tantôt comme une recherche de l'ornement, quand Ronsard préfère remonter aux mystères de la fabrication.

Pour un art de l'artifice invisible

On a reproché à Ronsard son obscurité des débuts. A son tour il stigmatise, en 1572, dans la préface de *La Franciade* les excès d'un nouveau style poétique dont il a lui-même partiellement dessiné les linéaments[75]. Il semble important de clore ces remarques sur les adeptes du style « antinaturel » par la lecture de quelques points de vue de Ronsard relatifs au travail du vrai poète. Le « bon artisan » orne le vers

> [...] de Figures, Schemes, Tropes, Metaphores, Phrases et periphrases
> eslongnees presque du tout, ou pour le moins separees de la prose triviale et vulgaire (car le style prosaïque est ennemy capital de l'eloquence poëtique) et les illustrant de comparaisons bien adaptees, de

---

[72] La spécification divise l'objet décrit en ses parties.

[73] Voir l'étude des paysages de Ronsard dans la partie suivante.

[74] Voir d'autres exemples de ces deux groupes :
  – Premier groupe : l'esthétique de Ronsard va donner lieu aux interprétations baroques dont il critique les outrances chez Du Bartas. On reconnaîtra aussi chez Bernard Palissy, avec la *Recepte veritable*, dans le domaine de la théorie du jardin, les fondements d'une esthétique maniériste à l'affût des mouvements secrets de la nature.
  – Deuxième groupe : il se caractérise par une description plus statique et parfois plus ornée. Elle utilise en général la parataxe. Isaac Habert, pourtant ailleurs adepte d'une poésie en mouvement, décrit une fontaine dans cet esprit : voir *Les Œuvres poétiques*, Paris, L'Angelier, 1582 ou F. Joukovsky, *La Renaissance bucolique*, p. 223. Un long poème consacré à l'éloge des plates-bandes potagères et au jardin d'agrément, « Le jardin » (*Les Trois Livres des météores*, Paris, Jean Richer, 1585), malgré une certaine sobriété, se rattache plutôt à cette deuxième écriture géorgique. Cristofle de Gamon donne, avec *Le Jardinet de poésie*, Lyon, Cl. Morillon, 1600, l'exemple de l'écriture ornée à laquelle il parvient toutefois à communiquer de l'élan.

[75] Cette *Preface sur La Franciade*, éd. Gallimard, t. I, p. 1161 ; éd. P. Lmn., t. XVI, pp. 331, est la dernière. En 1572 *La Franciade* est précédée par une épître « Au lecteur », assez long texte considérablement abrégé en 1573, et qui disparaît dans les éditions suivantes.

descriptions florides, c'est à dire enrichies de passements, broderies, tapisseries et entrelassements de fleurs poëtiques, tant pour representer la chose, que pour l'ornement et splendeur des vers, comme ceste brave description du Sacerdote de Cybele Cloreus, en l'onziesme livre des *Aeneides* [...][76].

Plus loin encore, opposant poètes et historiens, il vante les artifices que les premiers disposent harmonieusement pour la représentation, non du réel, mais du « possible » :

[...] d'une petite scintille font naistre un grand brazier, et d'une petite cassine font un magnifique Palais, qu'ils enrichisent, dorent et embellisent par le dehors de marbre, Jaspe et Porphire, de guillochis, ovalles, frontispices et piedestals, frises et chapiteaux, et par dedans de Tableaux, tapisseries eslevees et bossees d'or et d'argent, et le dedans des tableaux cizelez et burinez, raboteux et difficile à tenir és mains, à cause de la rude engraveure des personnages qui semblent vivre dedans. Apres ils adjoustent vergers et jardins, compartimens et larges allees, selon que les Poëtes ont un bon esprit naturel et bien versé en toutes sciences et dignes de leur mestier : car la plus part ne fait rien qui vaille, semblables à ces apprentifs qui ne sçavent que brayer les couleurs, et non pas peindre. Souvienne toy Lecteur, de ne laisser passer soubs silence l'histoire ny la fable appartenant à la matiere, et la nature, force, et proprietez des arbres, fleurs, plantes et racines, principalement si elles sont anoblies de quelques vertus non vulgaires, et si elles servent à la medecine, aux incantations et magies, et en dire un mot en passant par quelque Epithete, ou pour le moins par un demivers. Nicandre autheur Grec t'en monstrera le chemin : et Columelle en son *Jardin*, ouvrage autant excellent que tu le sçaurois desirer. Tu n'oubliras aussi ny les montaignes, forests, rivieres, villes, republiques, havres et ports, cavernes et rochers, tant pour embellir ton œuvre par là, et le faire grossir en un juste volume, que pour te donner reputation et servir de marque à la posterite[77].

---

[76] *Preface sur La Franciade*, éd. Gallimard, t. I, pp. 1161-1162.

[77] *Ibid.*, éd. cit., pp. 1167-1168. La première description de la grotte de Meudon dans le « Chant pastoral sur les nopces de Monseigneur Charles duc de Lorraine », a déjà utilisé les « festons, guillochis et ovales ».

Ce texte, tout en filant la métaphore de départ - le poème est un palais somptueux -, rappelle le rôle des lieux communs - jardins, montagnes, forêts, rivières - comme moyen d'amplification, d'embellissement, dans la pure tradition des exercices de style. A noter, également, la rivalité et la compétition poétique consubstantielle à l'usage des lieux communs qui transparaissent dans ces lignes. Avec le souci de gloire qui l'animait, Ronsard ne pouvait que chercher à se distinguer par quelque différence, par une excellence technique personnelle.

Ces conseils doivent s'étendre au-delà des bornes du poème héroïque. Si Ronsard se montre plus que jamais fidèle à l'impératif de variété en sollicitant divers artisanats pour éclairer l'habituelle comparaison des procédés avec les fleurs, l'insistance sur la complexité technique du détail et la maîtrise de l'ensemble suffirait à indiquer le souci d'organisation sous l'apparente confusion de bien des grandes pièces. L'œuvre, palais de la Renaissance, est désigné à l'admiration, «dedans» et «dehors». La riche métaphore architecturàle passe, a priori, et non sans surprise, pour un éloge de l'art libéré des chaînes qui l'asservissaient au modèle de la nature: encyclopédie des artisanats du luxe et de l'illusion, du trompe-l'œil éclatant, puisque la tapisserie même, par la broderie en relief[78], use des trois dimensions. Tout puissant l'artiste cède à la tentation de l'ornement précieux. Il encourt le risque de la surcharge. Mais Ronsard, alors qu'il recommande ici l'amplification du sujet, les artifices les plus délicats et les ornements qui élèvent le style, condamne justement les errements, lorsqu'il invite, quelques lignes avant, à une modération annonciatrice du siècle suivant. Il se fait l'écho de Jacques Peletier et de ses exigences de clarté et de sélection, ce qui laisse entendre que la comparaison avec les artisanats précieux est plus à interpréter comme une louange des prouesses de l'art le plus raffiné que comme un appel à l'ornementation boursoufflée:

> Tu enrichiras ton Poëme par varietez prises de la Nature, sans extravaguer comme un frenetique. Car pour vouloir trop eviter, et du tout te bannir du parler vulgaire, si tu veux voler sans consideration par le travers des nues, et faire des grotesques, Chimeres et monstres, et non une naifve et naturelle poésie, tu seras l'imitateur d'Ixion, qui engendra des Phantosmes au lieu de legitimes et naturels enfans. Tu dois davantage, Lecteur, illustrer ton œuvre de paroles recherchees et choisies, d'arguments renforcez, tantost par fables, tantost par quelques vieilles histoires, pourveu qu'elles soient briefvement escrites et de peu de discours, l'enrichissant d'Epithetes significatifs et non oisifs, c'est à dire qui servent à la substance des vers, et par excellentes, et toutefois rares sentences[79].

Afin de pallier à la fois une esthétique descriptive de la surface brodée, gravée, ornée, et les excès précieux, Ronsard réitère, non sans ambiguïté et sans ellipses, le devoir du style «naïf et naturel». Lorsqu'il rappelle que la poésie est amplification et embellissement, il peut égarer par la redondance des métaphores de l'ornementation, et inciter à cette parure

---

[78]   *Ibid.*: «[...] eslevees et bossees d'or et d'argent».

[79]   *Ibid.*, p. 1163.

fastueuse[80]; or il requiert de recourir aux descriptions de la nature, «tant pour embellir» le poème «que pour le faire grossir»; il écrit encore, plus loin, que les vrais ornements naissent du génie naturel. Mais il omet d'expliquer l'essence même de son art qui doit son équilibre à ce qu'il puise son mouvement, son principe d'amplification et d'embellisement, dans la vitalité du monde avec lequel il est en sympathie; démonstration faite dans les hymnes et *Les Quatre Saisons de l'an*. Peut-être faut-il comprendre, en ce sens, le conseil «de ne laisser passer soubs silence l'histoire ny la fable appartenant à la matiere, et à la nature»[81]. A cette condition, la luxuriance et l'efflorescence des gemmes se règlent sur le mouvement qui les commande en profondeur. Elles procèdent de la nature ou de l'élan intérieur[82]. C'est à ce prix que le naturel est sauvegardé.

---

[80] La poésie amoureuse de Clément Marot, de Maurice Scève, de Joachim Du Bellay, notamment, dans la lignée de Pétrarque, prend le poème comme lieu d'un jeu verbal complexe. Le renouveau apporté dans ce domaine par la simplicité alexandrine et les élégiaques latins aura pour conséquence de dégager le langage poétique de l'artifice pétrarquiste pour le livrer à ceux du style humble, à tout le moins chez certains. Voir Du Bellay, «Contre les Pétrarquistes», *Divers Jeux rustiques*.

[81] *La Franciade*, p. 1168. Voir l'étude précédente des mythes de l'abondance chez Ronsard.

[82] Voici l'étude de quelques procédés du naturel chez Ronsard. L'expression figurée est peu fréquente, parfois limitée à l'adjectif ou au participe métaphoriques qui condensent l'effet. Il en va de même pour l'adjectif, de moins en moins souvent archaïque, comme c'est le cas dans les premières œuvres. La *copia* élit parfois les parallélismes anaphoriques et le rythme binaire de l'alexandrin: «Discours contre Fortune», éd. Gallimard, t. II, p. 770; «Complainte contre Fortune», éd. P. Lmn., t. X, p. 16; on retrouve ces procédés dans «La Lyre» et sa description de la corne d'abondance. Mais Ronsard est peu coutumier des formes de la répétition. De tous les visages de l'abondance stylistique, il préfère celui de la diversité, et ce n'est pas un moindre paradoxe que de voir le chantre de la variété pencher en fait pour la brièveté qui, à la place de l'amplification, se charge de traduire cette richesse du réel. C'est pourquoi la variété trouve son expression la plus vive dans la touche, la suggestion, plus que dans l'étalage. On peut expliquer ainsi certaines corrections ultérieures qui se sont soldées par la pure suppression d'une trop «fertile abondance». C'est le cas de l'abondance vantée par le Cyclope amoureux qui offre à Galathée la séduction d'au moins trois formes naturelles de la variété: un verger, un antre, et enfin un troupeau. Le premier renouvelle la traditionnelle énumération géorgique par le chatoiement des couleurs, au sens propre comme au figuré, et l'expressivité des sonorités:

> J'ay tousjours mes vergers plains de pommes vermeilles:
> Les unes à l'argent de couleur sont pareilles,
> Et les autres à l'or, et de chascun costé,
> L'argent avecques l'or y est representé.
> Plus rouges que coural j'ay tous les ans des guignes
> Qui resemblent des cueurs, d'autrepart j'ay des vignes
> Dont le joyeux raisin, en la saison choisy,
> De pourprine couleur combat le cramoisy:

$\rightarrow$

IMITATION DE LA NATURE
OU IMITATION D'ARTEFACTS

Même si les arts poétiques recommandent la variété de la nature, même si Ronsard dit s'être initié à son contact, il convient de regarder avec quelque réserve toutes ces protestations de naturalisme et de naturel, qu'on a déjà vu fortement divisées entre partisans d'une peinture de la

---

> Je n'ay pas seulement des vulgaires prunelles
> Qui croissent es buyssons, mais des prunes plus belles
> Et plus jaunes que cire, et aux mois les plus doux
> J'ay des fraizes aussi que je garde pour vous. (Vers 221-232)

« Le Cyclope amoureux », éd. Gallimard, t. II, p. 222 ; éd. P. Lmn., t. X, p. 275. Les richesses du Cyclope, verger et antre, sont respectivement supprimées en 1578 et 1584.

Autre qualité du style naturel : la phrase, plus brève, plus simple que la période dont elle conserve l'ampleur, fondée sur des relatives et des syntagmes coordonnés, se charge de répondre à l'idéal de simplicité élégante. Elle procède ainsi grâce à des changements rythmiques constants qui brisent la régularité de l'alexandrin. Deux strophes octosyllabiques de Jacques Peletier et de Ronsard, consacrées au même thème et mises en parallèle, permettent de mesurer les recherches du second dès 1550 :

> Il fait bon voir la gaye troupe
> En faisant la moisson nouvelle,
> Qui en chemise le blé coupe,
> Et le met par ordre en javelle :
> A chaque bout du champ
> Des barriz qui gargouillent
> Par ce chaud dessechant
> Le gosier tari mouillent.

J. Peletier, « L'Esté », 1547.

> Ici, la diligente troupe
> Des ménagers renverse, et coupe
> Le poil de Ceres jaunissant,
> Et là, jusques à la vesprée
> Abbat les honneurs de la prée,
> Des beaus prez l'honneur verdissant.

Ronsard, « De la Venue de l'esté », 1550, éd. P. Lmn., t. II, p. 23.

Au rythme décalé par rapport à la syntaxe, ou changeant à l'intérieur du mètre, s'ajoutent les procédés musicaux d'animation du vers, une recherche de l'effet sonore et de la disposition harmonieuse des sons en fonction de cette idée du naturel. Le naturel de Ronsard ne rejette pas une savante recherche, jamais appuyée, qu'il trouve dans l'emploi des épanodes, si l'on se limite aux deux textes cités ici. Toute la technique vise à effacer les distinctions visibles entre naturel et artificiel, à intégrer l'artifice dans l'expression du naturel. Sur le naturel stylistique se reporter aux conclusions de Margaret Mac Gowan dans *Ideal Forms in the Age of Ronsard*, Berkeley, Los Angeles, Londres, University of California Press, 1985. Voir aussi Jean Lecointe, *L'Idéal et la différence*, éd. cit.,

nature dans sa totalité stylistique, fervents de l'ornementation ou, à l'opposé, du foisonnement sévèrement taillé, contrôlé par les outils du jardinier. Quelle type de paysage imiter? Quel type d'imitation proposer? Le paysage de Ronsard, non plus observé sous l'angle des modalités de la variété, mais dans les formes qu'il adopte, clarifie les échanges de la nature et de l'idéal.

La poésie est un paysage, le poème un arbre, un jardin[83], un monde même, dans le cas de l'épopée[84]; épîtres et arts poétiques s'emploient à désigner dans la perfection de l'œuvre celle du modèle naturel.

Quel sens donner à l'imitation de la nature?

Indépendamment des pratiques stylistiques particulières qui se manifestent toujours en matière d'élocution dans le sens de la mesure ou par une poétique de l'ornementation, la nature, donnée comme modèle, tantôt de l'équilibre, tantôt du fleurissement excessif, a une place très définie dans l'esprit du peintre, de même le peintre se situe face à elle dans une relation particulière.

Où se trouve donc le Beau? Dans l'Idée transcendante, en Dieu, dans la représentation intérieure de l'artiste ou dans la nature? Afin de ne retenir que les grandes directions du sujet, rappelons ses données essentielles[85].

Platon condamne l'art et sa *mimesis* du mensonge vouée à une surenchère déformante des reflets de la Beauté épars dans le monde sensible[86]. Pour Aristote, à l'opposé, l'homme est contraint d'imiter la nature

---

pp. 428-435. Le naturel préoccupe les poètes depuis Clément Marot et les prosateurs aussi, avant Ronsard, quelles que soient les orientations différentes que prennent les styles de Rabelais ou, par exemple, du traducteur des premiers livre de l'*Amadis*, Nicolas Herberay des Essarts: voir Mireille Huchon, «*Amadis*, 'parfaicte idée de nostre langue françoise'», *Les Amadis en France au XVIe siècle*, Dix-septième Colloque International, sous le patronage de l'Université de Paris-Sorbonne, La Sorbonne, mars 1999.

[83] Paraphrase de la pièce de Ronsard « Au Lecteur », éd. Gallimard, t. II, p. 849 ; éd. P. Lmn., t. XVIII, p. 283.

[84] Jacques Peletier, *Art poétique*, éd. cit., II, 8, p. 305: «une forme et image de l'univers».

[85] Voir pour la question *Idea*, *op. cit.*, d'E. Panofsky et un ouvrage qui n'a pas vocation à l'exhaustivité mais est très clair, *L'Art et la nature*, de Michel Ribon, Paris, Hatier, 1988. Quant à l'imitation de la nature, elle est largement traitée par Grahame Castor dans *La Poétique de la Pléiade. Etude sur la pensée et la terminologie du XVIe siècle*, éd. cit.

[86] Platon, *République*, X, 598. Peintre et poète sont confondus dans la même imposture qu'ils proposent. En revanche, l'art de la dialectique a le pouvoir de s'élever vers le Beau. La condamnation n'est pas totale, témoins l'art géométrique des Egyptiens qui impriment au support une forme idéale ou, pour les mêmes raisons dans *Ion*, l'épopée.

et elle seule, puisque les essences n'appartiennent pas à un monde supérieur. Il lui revient de copier le mouvement de la nature naturante qui pousse chaque chose et chaque être vers la perfection et la plénitude de sa forme. Mais, parmi toutes les créations humaines, l'œuvre d'art réorganise le divers, en témoigne le beau langage tragique; elle « rassemble en un seul et même objet ce qui se trouvait dispersé en plusieurs »[87] en vertu de la forme que l'artiste impose à la matière. Cicéron opère « un compromis »[88] entre Platon et Aristote quand il invite à tendre vers le modèle intérieur de l'éloquence parfaite que l'orateur porte en lui[89]. Ensuite, le néo-platonisme réconcilie l'art et l'idée : l'artiste, au même titre que la nature, copie, suit non plus une Idée extérieure et transcendante, mais l'idée intérieure qui a, toutefois, une dimension métaphysique en ce qu'elle saisit « les raisons idéales dont dérive la nature des objets »[90], écho d'Aristote. L'art a également un pouvoir correcteur puisqu'« il ajoute ce qui manque à la perfection de l'objet »[91]. Il faut préciser que la nature apparaît comme le reflet le plus approchant de l'Idée en ce monde et que, de ce fait, l'artiste est fortement encouragé à en poursuivre les manifestations.

Au seizième siècle, c'est le retournement opéré sur l'Idée platonicienne par Aristote, par Cicéron, puis par le néo-platonisme, qui l'emporte : avec toutes les divergences qui séparent ces trois théories, l'Idée existe dans l'esprit de l'artiste. Mais deux courants vont opposer deux Renaissances. En premier lieu, et c'est la position d'Alberti, l'art reconstruit et corrige la nature en recomposant l'idéal à partir de plusieurs modèles selon une idée du Beau, selon les proportions et les règles qui président à l'harmonie du monde. Plus tard, l'esthétique maniériste dégage l'artiste des règles universelles du Beau : il est guidé par une idée intérieure construite à partir de l'observation de la nature. Si l'on regarde maintenant du côté de la théorie littéraire en France, fortement influencée par la définition de la belle éloquence cicéronnienne, elle fait encore pencher le débat du côté des pouvoirs de l'artiste.

Une nature au second degré

On aura pu remarquer, au demeurant, combien les traités restent vagues sur l'imitation de la nature quand ils s'étendent au contraire sur celles des Anciens. Toujours la greffe antique est recommandée pour affranchir la langue de son état sauvage[92], conseillé le tissage des auteurs

---

[87]   Aristote, *Politique*, III, 2.

[88]   E. Panofsky, éd. cit., p. 36.

[89]   Cicéron, *L'Orateur*, II, 7.

[90]   Plotin, *Ennéades*, V, 8, 1.

[91]   *Ibid.*

[92]   *Deffence*; *Art poétique français*, I, 3; *Art poétique*, I, 5.

afin de réaliser l'idéal virgilien, pratiqué le pillage du pré ou du jardin antique. Ainsi Baïf salue Dorat en ces termes :

> Dorat d'une certaine main,
> Osant emprises malaisees,
> Dans le pré Gregeois et Romain,
> Tu triras les fleurs mieux prisees
> Pour t'en lier un chapeau rond,
> Ornement à ton docte front[93].

Partout on exhorte à la savante contamination[94] jusqu'à ce que se dessine une esthétique plus personnelle. Lorsque les dangers de l'imitation sont signalés, ce n'est pas la nature extérieure qui sert de parangon, mais celle du poète imité et non digéré, ou bien dont le style n'est pas accordé à celui de l'imitateur. En effet, c'est un des sens possibles de cette « naïveté » tant recherchée[95], voie qui dispose le poète vers une lecture de la variété plus en accord avec soi. Cependant, il faut être prudent avec la notion d'originalité qui n'a pas de sens au XVIᵉ siècle, même si l'on perçoit des écarts chez Ronsard dans l'emploi des lieux communs. Cette différence, quand elle existe, doit au désir du poète saisi par les Muses de se conformer à trois degrés de nature : la nature qu'il perçoit, celle que les meilleurs poètes ont imitée, et enfin sa propre nature. Et si le poète a pu innover, ce que Ronsard clame dans la préface des *Odes*, il ne l'a fait qu'inspiré par les Muses qui l'ont guidé sur un « sentier nouveau ». Il conviendra donc de déterminer en quoi le poète se distingue, même s'il dit être conduit par les forces de la nature ou par le souvenir de ses meilleurs modèles.

Toujours est-il que, tandis qu'une apparente sensibilité aux palpitations de la nature, murie dans *La Concorde des deux langages*, dans quelques poèmes de Clément Marot et de plus en plus abondante avec *La Saulsaye* de Maurice Scève[96], dans la poésie néo-latine et celle qui précède immédiatement la *Deffence*, se répand et gagne les arts décoratifs[97], il faut admettre que le tableau, à quelques touches près, n'a pas pour objet la vraie nature. L'exaltation si fréquente d'Apelle prône la supériorité de l'illusion, d'une *mimesis* au second degré. La forme idéale reconstruite par Zeuxis place l'art au-dessus de la nature. De la *copia* théorique à une théorie du réel idéalisé par les modèles, toute la palette du paysage prouve

---

[93]   A. de Baïf, *Euvres en rime*, éd. cit., t. II, p. 130-131.
[94]   J. Du Bellay, « Elégie III », *Poemata*.
[95]   J. Du Bellay, *Deffence*, I, 8.
[96]   1547.
[97]   A partir de 1548 dans les entrées royales.

l'éloignement de la réalité[98]. Les nouvelles lectures de l'idéal imprimées par l'époque se dessinent en général à l'intérieur du moule antique[99].

Après le choix qui s'offre à l'imitateur d'une nature relue par la technique des grands auteurs, une autre nécessité est déterminante : le beau paysage, libre dans son mouvement, exalte ensemble la nature artiste et un art de la dissimulation, de l'élégance et de la grâce, un art appelé à retrouver les principes qui animent la nature ; de l'autre côté, le beau jardin, un autre degré de la nature, qui réorganise le désordre artiste, suppose lui aussi de se couler dans la vitalité naturelle, bien qu'avec des techniques et des résultats très différents. Deux modèles de représentation s'offrent donc que Virgile avait distingués soigneusement dans les *Bucoliques* et les *Géorgiques* en soulevant les difficultés du second : il notait une certaine résistance de la matière horticole à la transposition poétique, ce que Columelle redisait à son tour[100].

Parce que le paysage ronsardien obéit à une grande cohérence et s'organise sur la durée en système, qu'il se plie à des choix esthétiques conscients, que l'œuvre se montre assez prolixe en matière de paysage, qu'elle éclaire enfin le propos d'un jour nouveau, pour toutes ces raisons, il paraît opportun d'y suivre le dialogue entre l'idéal hérité, adulé, et l'émergence progressive de formes nouvelles.

«J'AIME FORT LES JARDINS QUI SENTENT LE SAUVAGE»

Comment parler de jardins chez Ronsard quand les textes signalent un vide, quand les goûts du poète l'en détournent ? De fait, peu séduit par l'ordre géométrique ou par les procédés voyants, par la virtuosité que le jardin met en scène, Ronsard paraît tout aussi peu goûter l'ordonnancement régulier des nouveaux théâtres de la gloire dans les grands jardins

---

[98] A la fin du siècle, le courant de poésie rustique peut transmettre l'impression d'une sensibilité supérieure à la campagne, or ce n'est qu'en partie vrai. Là encore, l'influence des modèles est déterminante, à de rares exceptions près. Voir le chapitre «L'homme des champs ou la voie de l'agriculture» : D. Duport, *Le Jardin dans la littérature française du seizième siècle*, op. cit.

[99] Joachim Du Bellay donne peut-être l'exemple le plus personnel d'appropriation du paysage dans les *Antiquités* ; les *Stances* d'Agrippa d'Aubigné orchestrent la disparition de la nature lumineuse des Anciens dans le moi hypertrophié qui en noircit de sa bile les contours.

[100] Virgile dans les *Géorgiques*, Columelle dans *De l'Horticulture*. Voir le chapitre «Du traité d'agriculture au jardinage littéraire» : Danièle Duport, *Le Jardin dans la littérature française du seizième siècle*, op. cit.

contemporains, même s'il lui est arrivé de les célébrer[101]. Tout au plus
s'intéresse-t-il, pour la louange du roi et des protecteurs, au nouveau discours de l'éloge qui tisse les figures architecturales et triomphales à celles
de la fertilité et de la prospérité du royaume dans les entrées royales[102]; là
encore, le jardin, si sollicité par la parade des villes, n'attire guère le poète
courtisan. Hormis quelques rares amplifications, si l'on revient au reste de
la production poétique, le motif est traité de la façon la plus brève, la plus
sèche, dans le cadre de la théorie des styles, toujours afin de revendiquer
le droit à la totalité de l'espace. La liberté poétique demande d'être sensible à la diversité paysagère[103], mais la poésie, en pratique, reste quasiment silencieuse sur le motif des jardins dont le paysage immobile n'emporte pas l'imagination[104].

Ces considérations posées, un courant plus subtil, moins visible, parcourt la réflexion sur l'imitation et guide l'œil du peintre: le jardin de
l'œuvre – et le choix est fait très tôt – rejette les angles droits pour les
allées courbes, les partitions géométriques pour le savant désordre, le
cultivé pour le sauvage. Art plus difficile sous ses allures recherchées de

---

[101] Il en décrit des éléments ou se contente de les mentionner:
  – la grotte de Meudon, «Eglogue III ou chant pastoral sur les nopces de Monseigneur Charles duc de Lorraine», éd. Gallimard, t. II, p. 182; éd. P. Lmn., t. IX,
  p. 75.
  – le jardin d'Anet: une vague allusion, éd. Gallimard, «À Olivier de Magny»,
  t. I, p. 510; Sonnet XIV, éd. P. Lmn., t. X, p. 79.
  – Il n'ignore pas la beauté dont ils rehaussent les palais en leur ouvrant l'espace:
  La Franciade, éd. Gallimard, t. I, p. 1168.
  D'autres jardins: «Hynne de l'Automne», «Discours à Odet de Colligny, cardinal de Chastillon», «La Lyre», et «La Salade».

[102] Voir le chapitre sur «Le jardin des entrées royales ou le manifeste de l'art nouveau» dans *Le Jardin dans la littérature française du seizième siècle*, D. Duport,
  op. cit.

[103] Ronsard, «Discours à Loys Des Masures», vers 4-8, éd. Gallimard, t. II, p. 1017;
  éd. P. Lmn., t. X, p. 362.

[104] Quelques références où figure le jardin aux côtés des deux autres paysages: «À
  Michel de l'Hospital», éd. Gallimard, t. I, p. 626, vers 345-347; éd. P. Lmn.,
  t. III, p. 118. «Discours à Odet de Colligny, cardinal de Chastillon», éd. Gallimard, t. II, p. 797; «Elegie à Monseigneur le Reverendissime cardinal de Chastillon», éd. P. Lmn., t. X, p. 5. Dans ce poème se croisent l'inspiration bucolique
  et géorgique. Même chose dans le discret art poétique que représente «Le
  Cyclope amoureux», éd. Gallimard, t. II, p. 222; éd. P. Lmn., t. X, p. 275. «Discours à Loys Des Masures», éd. Gallimard, t. II, p. 1017; «Elegie à Loïs Des
  Masures tournisien», éd. P. Lmn., t. X, p. 362. «Response de Pierre de Ronsard
  aux injures et calomnies...», éd. Gallimard, t. II, p. 1044; éd. P. Lmn., t. XI, p. 116.
  D'autres allusions au jardin de poésie sont plus fréquentes, mais en dehors de la
  tripartition du paysage.

négligé[105]. Aussi ne doit-on pas sous-estimer du point de vue théorique la révélation apportée par le jardinage et confiée dans «La Lyre», affinement dans la manière de comprendre l'inspiration. Le jardinage, les soins à l'arbre fruitier, reçoivent, au yeux du praticien de la variété, les faveurs que le jardin d'agrément ne saurait susciter, et cette autre intelligence de l'ordre naturel, qui est d'infinies transformations, surclasse logiquement à ses yeux la géométrie artificielle.

Si l'on se tourne désormais vers quelques vues de la nature chez Ronsard, on y découvre, à travers la greffe et l'hybridation des paysages empruntés, des constantes intéressant tout autant la théorie du paysage idéal à la Renaissance que celle du jardin littéraire auquel Ronsard revient par le détour. Aussi inattendu qu'inespéré dans le cadre de cette étude, un aveu anodin, perdu parmi les protestations d'indépendance de la «Response aux injures et calomnies», recentre toute l'esthétique du naturel sur le jardin.

J'aime fort les jardins qui sentent le sauvage [...][106].

Le sauvage contre le discipliné, la ligne souple contre la droite, le mouvement contre l'immobilité, l'inachevé contre la fixité, le multiple contre l'un, telles sont les formes de la diversité vers lesquelles penche Ronsard[107]. Il a donc besoin de recourir au jardin qui, dans le paysage des styles, représente ce qu'il rejette.

Aspects du paysage chez Ronsard

Selon la chronologie des recueils, par un geste mythique de conquête du paysage poétique français, la Muse est d'emblée installée sur la nouvelle terre fertile et les rameaux «attiques et romains» transplantés[108] ou

---

[105] Doranne Fenoaltea perçoit le passage sensible du palais au jardin dans la composition générale des *Odes*: *Du Palais au jardin. L'Architecture des odes de Ronsard*, Genève, Droz, 1990. Elle entend par «jardin» l'ouverture à la nature et l'abandon de la construction architecturale. Voir aussi l'étude de Michel Simonin «'Poésie est un pré', 'Poème est une fleur': métaphore horticole et imaginaire du texte à la Renaissance», dans *Ronsard en son IVᵉ centenaire*, Actes du colloque international, publiés par Y. Bellenger, J. Céard, D. Ménager, M. Simonin, Paris-Tours, 1985, Genève, Droz, 1988.

[106] Éd. Gallimard, t. II, p. 1044, vers 499. En accord profond avec toute la conception du paysage, cette remarque capitale ne peut être due aux besoins de la rime. C'est à partir de cet aveu, de l'imitation de Sannazar dans la «Bergerie», de «La Lyre», que cette étude du paysage des styles chez Ronsard a trouvé l'essentiel de sa dynamique et toute sa justification.

[107] Voir *supra* «*Copia* et variété».

[108] «A Madame Marguerite, sœur du Roy...», vers 93-96: éd. Gallimard, t. I, p. 609; éd. P. Lmn., t. I, p. 72.

greffés. Épris de grandeur, il compose à partir de Pindare et d'Horace un paysage sauvage, à l'ombre du Parnasse. Les éléments bucoliques passent au second plan derrière la fascination exercée par l'étrangeté sacrée d'un lieu qui, plus que les modèles, condense les signes de la divine création. «À Calliope» dessine le paysage que Ronsard éternise pour la langue française et dont il modulera les nuances par la suite, sans rien changer:

> C'est toy qui fais que j'aime les fontaines
> Tout esloigné du vulgaire ignorant,
> Tirant mes pas par les roches hautaines
> Apres les tiens que je vais adorant.

> Tu es ma liesse,
> Tu es ma Deesse,
> Tu es mes souhais:
> Si rien je compose,
> Si rien je dispose,
> En moy tu le fais.

> Dedans quel antre, en quel desert sauvage
> Me guides-tu, et quel ruisseau sacré
> Fils d'un rocher, me sera doux breuvage
> Pour mieux chanter ta louange à mon gré[109]?

Observons quelques variantes qui ne font qu'affermir les traits de ce paysage sacré. De la simple évocation du «champ des Grâces» à la description du paysage composé, du resserrement à l'amplification des arguments, la variation recommandée par Erasme est largement appliquée. Avec constance Ronsard passe du paysage elliptique avec ses «tertres bossus», ses «forestz sauvages», ses «secrets rivages» et ses «antres bien moussus»[110] à des hypotyposes plus étendues, comme celles de «l'Election de son sepulchre» ou du «Discours contre Fortune», quoique jamais très amplifiées.

Le paysage sacré peut s'imprégner de nuances plus bucoliques qui tempèrent le ton discrètement «hautain» de certaines pièces[111]; il

---

[109] «A Calliope», vers 51-64, éd. Gallimard, t. I, p. 682; «A Caliope», éd. P. Lmn., t. I, p. 174.

[110] «A Madame Marguerite, qui depuis a esté duchesse de Savoye», éd. Gallimard, t. I, p. 850; «À Madame Marguerite», éd. P. Lmn., t. III, p. 98. Autre exemple, dans Le Premier Livre des amours, le sonnet IX: éd. Gallimard, t. I, p. 29; éd. P. Lmn., t. IV, p. 13.

[111] Par exemple, dans «À Calliope» deux épithètes, «roches hautaines», «desert sauvage», confèrent au lieu l'atmosphère de sainte horreur requise par la poésie élevée ou la haute idée de l'inspiration. On peut appliquer les mêmes remarques à l'«Hynne de l'Automne».

brouille alors les frontières entre style élevé et humble et impose la plupart du temps ce mélange stylistique dont se réclame la diversité. La bucolique devenue sacrée réduit le champ visuel qu'elle ramène des montagnes et des forêts lointaines aux environs du rivage, de la source, souvent au creux du vallon, humiliation de la métalangue qui s'accorde à celle de l'énonciation. Là encore, mêmes effets de *brevitas* ou de déploiement. Toutefois ces différenciations du paysage sont simultanées, non pas diachroniques. Une évolution se fait pourtant jour dans le choix du sujet: d'une manière générale, à partir des *Amours* de 1552. Une tendance se dessine vers une certaine autonomie des éléments du paysage qui viennent, le plus souvent, témoigner seuls du travail poétique: fleurs, guirlande, verger, ruisseau[112]. Dans *Les Meslanges* de 1555 paraît, sous sa forme amplifiée, le motif de l'antre vers lequel Ronsard se tourne ensuite régulièrement, qu'il développe et varie avec une insistance suggérant un penchant personnel, à tout le moins une intention[113].

Dès les premiers poèmes le paysage ne se départit plus de cette qualité qui fonde sa peinture de la variété, le mouvement. Tropisme du poète pour les terres sauvages des Muses, tropisme simultané des divinités pour le sol français, attraction centripète du poème où s'opère la fusion glorieuse de la tradition et du nouveau «mignon des Muses», «guidé» par elles ou par Calliope «tirant [ses] pas sur les roches hautaines»[114]. «De l'Election de son sepulchre» procède à l'acte poétique mythique d'aimantation circulaire des éléments. La poésie ronsardienne s'installe de la sorte au centre d'un paysage ou d'une écriture éminemment mobile, «Vive, et par l'univers Guindée en l'air se remue»[115]. Dans cette mobilité, sa nouvelle éternité, elle

---

[112] Certaines pièces composent une ébauche de paysage composite, forestier ou marin.

[113] Voir plus loin «L'antre des Muses».

[114] «À Calliope», vers 53: éd. Gallimard, t. I, p. 682; éd. P. Lmn., p. 174.

[115] «À René d'Urvoy», éd. Gallimard, t. I, p. 819; éd. P. Lmn., t. II, p. 148. Il faut rapprocher ces vers de «À sa Muse», éd. Gallimard, t. I, p. 926, vers 9-15; éd. P. Lmn., t. II, p. 152.

> Tousjours tousjours, sans que jamais je meure
> Je voleray tout vif par l'Univers,
> Eternisant les champs où je demeure
> De mes Lauriers honorez et couvers:
> Pour avoir joint les deus Harpeurs divers
> Au doux babil de ma lyre d'yvoire
> Qui se sont faits Vandomois par mes vers.

A l'«*Exegui monumentum*» Ronsard oppose un ouvrage «plus dur que fer» où il fait non seulement revivre les modèles mais insuffle le dynamisme de la vie.

puise sa force et sa capacité à traverser les âges[116]. Avec «Le Voyage d'Hercueil», écrit en 1549, l'étape ultime est déjà atteinte, déjà réalisé le rêve danaéen et dionysiaque de voir la divinité de la nature dans la pluie d'or du paysage, d'appréhender le divers comme le mouvant. Dès les premiers poèmes le poète reconstruit la mosaïque des emprunts dans un paysage qui les rassemble tous, comme il entrelace les végétaux et confectionne la perfection de la couronne; et, en même temps, il l'anime par le mouvement perceptible dès les premieres évocations, pour le diversifier considérablement. Chez Horace les divinités dévalent des sommets, dansent, la nature palpite doucement; chez Ronsard l'éparpillement, la liberté capricieuse d'aller «sans bride»[117], la brutalité des changements de cap devient principe prosodique, esthétique, philosophique, d'un je qui fait corps avec l'instable, voudrait l'incorporer comme l'essence même du poétique. Il conjugue le mouvement torrentiel de Pindare et le «butinement» d'Horace[118]. Bien souvent, et les hymnes au premier chef nous en assurent, l'étrangeté du multiple triomphe du prestige de l'unité transcendante, et Aristote de Platon[119]. Sans revenir sur des points précédemment étudiés, il est utile de préciser que toutes les manifestations de la métamorphose sont inscrites dans les paysages en tant que principe: tout d'abord, elles sacralisent l'irrigation souterraine, dans la mesure où le poète sent la nature agitée par ces mêmes pulsions qui le poussent irrésistiblement vers l'acte poétique[120]; l'autre face du sacré tient à la divinisation du changement dont la poésie poursuit les causes cachées: «À Calliope» et «Le Voyage d'Hercueil» attestent ses premières ferveurs pour le paysage. En tous cas, c'est peut-être sa manière de traduire l'«inconstance» perçue chez Pindare à laquelle il voue le culte le plus durable, même si l'expression de cette inconstance est appelée à évoluer.

---

[116] «Response aux injures et calomnies», éd. Gallimard, t. II, p. 1044, vers 729 et *sq.*, vers 799, 804, 811, 821; éd. P. Lmn., t. 11, p. 116.

La Vertu (poétique) ne se peut à Genéve enfermer:
Elle a le dos ailé elle passe la mer,
Elle s'en-volle au Ciel elle marche sur la terre
Viste comme un esclair messager du tonnerre,
Ou comme un tourbillon qui soudain s'elevant
Erre de fleuve en fleuve et annonce le vent.
Ainsi de peuple en peuple elle court par le monde,
De ce grant univers hostesse vagabonde. Vers 729-736.

Si l'exemple date de 1563, nous rappelons que la poétique s'oriente de la diversité visible vers la description des flux souterrains de la nature dès *Le Cinquiesme Livre des odes* en 1552.

[117] Voir les mythes de l'abondance dans le chapitre «*Copia* et variété».

[118] Horace, *Odes*, IV, 2.

[119] Avec des nuances que la conclusion éclairera.

[120] Sur ce point Ronsard se réclame du néo-platonisme, et de sa lecture par Marsile Ficin.

Le bal, la couronne et le cercle

Tout le discours sur le travail poétique recourt chez Ronsard à des figures de l'espace dans la grande tradition du paysage des styles. Ces métalangues sont mises au service de l'entreprise de gloire, mais le paysage l'emporte sur les fleurs, la vue d'ensemble sur l'ornement décoratif. L'installation des Muses en France, l'appropriation des modèles anciens, la canalisation de l'enthousiasme recomposent une géographie sacrée. Ces lieux, éminemment symboliques, Ronsard, sans s'appesantir sur leur détail, les rassemble tous dans l'abrégé du monde que dessinent les vers. Il les soude idéalement selon une souple accumulation, quand au contraire Horace les a répartis tout au long des *Odes*. Tout se passe donc comme si le poète réalisait dans le rond des vers l'entreprise orphique de séduction d'une nature empruntée. Il ne faut pas s'étonner que la composition retrouve, après la peinture d'un paysage composite qui alliait roches, antre, ruisseau et bois, un apaisement dans la circularité de la création achevée. De cette circulation dynamique captée par le poète, sans rupture du monde visible au langage poétique, la danse des Muses ou la ronde des Charites[121] se fait le reflet qui célèbre la musique harmonieuse du divers. L'œuvre de gloire tend vers la forme parfaite et divine du cercle, vers cet entrelacs savant de végétaux empruntés, de fleurs « pillées », qui referme la couronne sur elle-même[122].

C'est alors que la nature sauvage, qui seule assure l'authenticité de la fureur en son élan et celle de la diversité instable, se dispose et s'apaise peu à peu en jardin, dans certaines pièces, comme si la forme supérieure de la perfection naturelle trouvait son expression en ce degré de la nature corrigée par l'art. Encore faudra-t-il identifier un jardin bien particulier où Ronsard repousse la raideur de l'art horticole. Certains tombeaux construisent ainsi un jardin sauvage et sacré ; ils exaltent les pouvoirs merveilleux de la lyre en une rêverie sur le sauvage apprivoisé par la musique et le rythme[123]. Deux tombeaux épousent la même tension intérieure. « De l'Election de son sepulchre » et « A elle-mesme » convergent vers un centre d'abord, par le rassemblement des éléments dans un lieu progressivement clos, se referment ensuite dans la forme circulaire[124]. « A

---

[121] « La Lyre », éd. Gallimard, t. II, p. 689, vers 329-336 ; éd. P. Lmn., t. XV, p. 15.

[122] On se reportera au début de « À Michel de l'Hospital, chancelier de France », éd. Gallimard, t. I, p. 626 ; « Ode à Michel de l'Hospital », éd. P. Lmn., t. III, p. 118.

[123] D'autres tombeaux évoquent une circularité, celle du bal : « Epitaphe », éd. Gallimard, t. II, p. 953 ; « Epitaphe de Michel Marulle », éd. P. Lmn., t. VI, p. 27. « Epitaphe de Hugues Salel », éd. Gallimard, t. II, p. 982 ; éd. P. Lmn., t. VI, p. 30.

[124] Le tombeau des *Epîtres de l'amant vert* de Jean Lemaire de Belges procède de la même façon. Encore fidèle au verger médiéval chez cet auteur, avec Ronsard le tombeau s'est presque libéré des figurations antérieures dont il conserve le *topos*

elle-mesme» édifie tout autant la mémoire du défunt qu'il fonde l'éternité
des vers sur un art poétique pastoral adepte du naturel :

> Il ne faut point qu'on te face
> Un sepulchre qui embrasse
> Mille termes en un rond,
> Pompeux d'ouvrages antiques,
> Et brave en piliers Doriques
> Elevez à double front[125] [...].

> Mais toy, dont la renommée
> Porte d'une aile animée
> Par le monde tes valeurs,
> Mieux que ces pointes superbes
> Te plaisent les douces herbes,
> Les fontaines et les fleurs.

> Vous pasteurs, que la Garonne
> D'un demi-tour environne,
> Au milieu de vos prez vers
> Faites sa tumbe nouvelle,
> Gravez un tableau sus elle
> Du long cercle de ces vers [...][126].

> Puis sonnez vos cornemuses,
> Et menez au bal les Muses
> En un cerne tout-autour,
> Soit aux jours de la froidure,
> Ou quand la jeune verdure
> Fera son nouveau retour[127] [...].

> Tous les ans soit recouverte
> De gazons sa tumbe verte,
> Et qu'un ruisseau murmurant
> Neuf fois recourbant ses ondes,
> De neuf torses vagabondes
> Aille sa tumbe emmurant.

---

de la tombe, jardin ou *locus amoenus*, et la dimension de mise en scène de la
gloire personnelle, en particulier dans le regard des passants. Chez Ronsard, avec
le tombeau de Marguerite de Valois, les bergers sont désormais invités à cultiver
activement la gloire.

[125] «A elle-mesme», éd. Gallimard, t. I, vers 19-24, p. 875; «Aux cendres de
Marguerite de Valois», éd. P. Lmn., t. III, p. 79.

[126] *Ibid.*, vers 31-42.

[127] *Ibid.*, vers 49-54.

Dites à vos brebietes,
Fuyez-vous-en camusettes,
Gaignez l'ombre de ce bois :
Ne broutez en ceste prée,
Toute l'herbe en-est sacrée
A la Nymphe de Valois.

Dites qu'à tout jamais tumbe
La manne dessus sa tumbe :
Dites aux filles du ciel,
Venez mousches mesnageres,
Pliez vos ailes legeres,
Faites ici vostre miel[128] [...].

Ombragez d'herbes la terre,
Tapissez-la de lierre,
Plantez un cyprés aussi :
Et notez dedans à force
Sur la nouailleuse escorce
De rechef ces vers ici :

Pasteurs, si quelqu'un souhéte
D'estre fait nouveau Poëte,
Dorme au frais de ces rameaux :
Il le sera sans qu'il ronge
Le Laurier ou qu'il se plonge
Sous l'eau des tertres jumeaux.

Semez apres mille roses
Mille fleurettes décloses [...][129].

Le tombeau concentre les allégeances au paysage antique. Il célèbre aussi l'invention qui bâtit la mémoire non plus de pierre, mais distribue le butin en un paysage-jardin rond, humble en ses composantes soigneusement disposées selon le rituel sacré[130]. L'art, avec sa répartition harmonieuse des emprunts dont il compose un nouveau paysage, ne se distingue plus de la perfection divine. Il crée l'excellence par le cercle. Voilà, non pas l'image de l'œuvre dressé sur « mille termes en rond », résistant orgueilleusement au temps, mais l'architecture et la géométrie retrouvées

---

[128] *Ibid.*, vers 61-78.

[129] *Ibid.*, vers 97-104.

[130] Par exemple, à la disposition un à un des éléments du paysage autour de la tombe, il faut ajouter l'insistance magique d'une multiple clôture circulaire, l'enroulement du ruisseau ou du végétal, qui commente la divinité de la poésie et la forme parfaite.

dans la forme sacrée, éternelle du cercle, de l'un à partir de la diversité[131].
Et c'est à l'art maîtrisé que revient la possibilité de réunir le divers éclaté,
en lui que se réalise l'unité plutôt qu'en une lointaine transcendance. Ailleurs, Ronsard renouvelle les figures de la concorde quand il sait que
l'union de la beauté et de la poésie résulte de celle de la raison lumineuse
d'Apollon avec le désordre de Bacchus, de celle de la forme avec l'élan en
toutes choses démultiplié[132]. Le jardin sauvage circulaire représente l'intériorisation et le déplacement des effets de la fureur poétique. Dans le
cheminement créatif qui organise l'espace poétique en jardin, s'imposent
les signes d'une usurpation discrète du jardinage, processus par lequel
l'homme affirme son pouvoir de transformer la nature et d'en épuiser les
secrets de fabrication, lorsqu'il sépare du reste du monde un lieu qu'il
modèle à son gré. «L'isle verte»[133], le «pourpris»[134], ou la création parfaite, frappe non pas par sa nouveauté – car le tombeau est un de ces
motifs dont s'empare l'imitation – mais par l'insistance sur une construction naturelle. Si dans «De l'élection de son sepulchre» une nature inspirée tend d'elle-même vers l'image idéale d'un jardin miniature circulaire[135], le tombeau de Marguerite de Valois laisse plus clairement
l'initiative à l'art sur la spontanéité[136]; ce sont les gestes concertés du jardinage qui confèrent aux données du paysage antique un ordre propre afin
que jaillisse finalement la beauté naturelle. Ces petites pièces, dans les
glissements qui s'effectuent à l'intérieur du paysage théorique, annoncent
la préface de *La Franciade*, plus soucieuse du travail souvent dénié
ailleurs derrière la soumission tapageuse à l'*Ion* de Platon[137]. Quelques
aspects de l'*innutrition* se livrent à travers l'interprétation de ces métaphores courantes de la création: le paysage libre et le jardin de l'œuvre
sont ici conjugués en jardin sauvage, inédit dans la transcription des
styles, pour dresser contre le temps les réalisations de cet artifice supérieur, de la feinte spontanéité, capable d'épouser les sinuosités et les

---

[131] Le cercle est étudié comme procédé d'écriture chez Ronsard par Malcom Quainton: «Le cercle et les différentes formes de structures cycliques dans les *Amours
de Cassandre* (1552-1553)» dans *Ronsard en son quatrième centenaire*, pub. par
Y. Bellenger, J. Céard, D. Ménager, M. Simonin, Paris-Tours, 1985, Genève,
Droz, 1988.

[132] «La Lyre» chante l'union d'Apollon et de Bacchus, lui-même représenté entre la
paix et la guerre. Voir aussi «L'Hynne de Calays et de Zethés», éd. Gallimard,
t. II, p. 442; éd. P. Lmn., t. VIII, p. 255.

[133] L'expression a été supprimée de l'édition de 1584. On la trouve au vers 17 de
«De l'Election de son sepulchre», éd. P. Lmn., t. II, p. 97.

[134] *Ibid.*, vers 76.

[135] *Ibid.*, vers 21-28.

[136] Voir les injonctions.

[137] Ces passages sont étudiés plus haut dans «Pour un art de l'artifice invisible».

asymétries de la nature[138]. Inédit, même si l'*Arcadie* de Sannazar a pu, par ses architectures naturelles, inspirer Ronsard[139].

Il faut à ce propos rappeler combien la théorie du paysage stylistique, à l'origine, distingue bien trois états différents de la nature, combien Virgile les individualise dans son tryptique, quitte à pratiquer en chacun d'eux la variété de tous les styles. Dès 1550, Ronsard, qui s'impose de parcourir toute la variété, brise, pour ce faire, les frontières entre les paysages et les tons, et voit l'idéal dans ce jardin sauvage, parfait oxymore, inattendu[140] en regard des jardins réels de l'époque et plus encore des lieux communs littéraires. Car, dans les jardins géométriques contemporains, la rêverie sur le sauvage ménage des saynettes, des paysages en miniature, où art et nature mesurent leurs artifices : les grottes ramènent en effet, au sein de la domination horticole sur la nature, l'observation délicate des fantaisies du réel, et Ronsard est loin d'être indifférent à leur mystère[141]. Le jardin parfait serait donc circulaire et sauvage, et combinerait le divin, l'ordre humain et le naturel bucolique, si l'on se reporte à la tripartition originelle des styles. En cette nouvelle manifestation composite du sacré, il faudrait encore déceler l'aveu de soumission à l'horizontalité du multiple contre la verticalité hautaine du monument funéraire ou de l'œuvre, ce que confirme tout le traitement à venir de la variété et de l'abondance. Ce jardin sauvage sert de point de repère dans le cheminement du discours théorique dont il manifeste déjà un pôle d'attraction ferme, alors que la pratique poétique de Ronsard se cherche

---

[138] On note aussi, à partir de ces deux poèmes, combien, malgré le traitement nouveau du paysage des styles, consciemment ou inconsciemment, toutes les composantes du schème mythique du jardin reviennent : géométrie parfaite, ici avec la circularité, « immortelle verdure » et printemps éternel, « mile fleurs », souffle de Zéphir. Le travail du poète se dévoile dans le symbolisme on ne peut plus explicite du jardin.

[139] L'*Arcadie* décrit un tombeau dans la Prose dixième. La description restitue peu à peu un jardin, mais si naturel et ensauvagé soit-il, il emprunte à l'art des jardins. On y découvre, en effet, une pyramide centrale dont les faces évoquent « plusieurs histoires », des haies plantées par les bergers, un trône de gazon orné de pyramides de romarins et de myrtes. Un navire en topiaire accueille les oiseaux ; partout les fleurs couvrent le sol ; des sièges sont façonnés de lentisques taillés.

[140] Inattendu par rapport à la théorie des trois paysages des styles, mais moins si l'on considère le paysage littéraire en général, dans la mesure où la nature parfaite et ses réalisations paysagères artistes retrouvent toujours, en dernier ressort, la forme idéale du jardin.

[141] Il célèbre dans « Bergerie », écrite en 1564, les artisanats de luxe français et, notamment, l'art de construire les grottes qui viennent agrémenter les palais,
[...] Entrailles des rochers, qui sont par artifices
Maintenant l'ornement des royaux edifices [...].
Vers 760-761, éd. Gallimard, t. II, p. 143 ; éd. P. Lmn., t. XIII, p. 76.

encore et marque des changements de direction[142]. À la différence d'Ange
Politien qui, dans *Les Silves*, donne des exemples de la perfection virgilienne, non seulement par l'union des trois styles lorsqu'il imite Virgile,
mais par le mélange des emprunts à tous les autres modèles, Ronsard, qui
se conforme aussi à l'idéal de «la docte variété», érige une nouvelle catégorie métalinguistique, le paysage-jardin circulaire. Il fait à travers elle
passer au premier plan l'exigence de naturel, imité des Anciens, mais
domestiqué[143].

L'antre des Muses

Bien des traits de ressemblance suggèrent de poursuivre l'analyse du
paysage-jardin par l'antre. Mentionné allusivement comme l'un des éléments fondateurs du paysage sacré, avec *Le Bocage* de 1554, il sort de la
concision embryonnaire dans laquelle il restait bridé jusqu'alors[144].

> Dedans l'antre une fontaine
> Sourdoit d'une noire véne,
> Qui trainoit son ruisselet
> Par un sentier mousselet
> Plein de Nymphes et de Fées
> De jonc simplement coiffées:
> Là dessus un tuffeau blanc
> Nature avoit fait un banc
> Tapissé de crespe mousse
> Et de jeune herbette douce[145].

L'écriture du paysage sauvage et circulaire, dont le tombeau a permis

---

[142] Par exemple, les choix stylistiques différents dans *Les Amours* de 1552 et les
Sonnets pour Hélène.

[143] L'époque gothique n'a pas ignoré le paysage-jardin, mais le lieu délectable y
recouvre typiquement une évolution de la lecture médiévale du *locus amoenus*
antique. Nous renvoyons, pour prolonger cette étude, à celle de Perrine Galand-
Hallyn dans son parallèle de Politien et de Ronsard: «La théorie du naturel poétique chez Politien et Ronsard», *Les Yeux de l'éloquence, op. cit.*

[144] Par exemple, «À Madame Marguerite, qui depuis a esté duchesse de Savoye»,
éd. Gallimard, t. I, p. 850; éd. P. Lmn., t. III, p. 98.

> Mais sur les rives reculées,
> Ou dessous l'abry des vallées,
> Ou dessous les tertres bossus,
> Ou entre les forests sauvages,
> Ou par le secret des rivages,
> Ou dans les antres bien moussus. Vers: 37-42.

Si l'amplification est fréquente après 1554, Ronsard sait revenir à la concision du
motif.

[145] «Le Houx», vers 81-90: éd. Gallimard, t. II, p. 787; éd. P. Lmn., t. VI, p. 135.

d'isoler quelques traits, appose ici ses signes aisément reconnaissables: paysage contenu dans une clôture presque fermée, esthétique de la liberté et de la courbe, culte de la nature artiste et donc de l'art suprême rompu aux exigences du naturel. Le banc, naturellement taillé dans le rocher, et qui agrémente toutes les grottes ronsardiennes, si bien masqué et embelli par la couverture végétale qu'on ignorera toujours qui de l'art ou de la nature l'a conçu, emblématise la technique du poète[146].

Le poète penche pour la réécriture très fréquente d'un lieu largement privilégié par les jardins de la Renaissance, où il voit, comme l'Antiquité, se confondre les catégories de l'art et le savant désordre sauvage appris chez Homère. Le laisser-aller naturel sert d'émulation à l'art, ou de repoussoir, afin que ce dernier impose ses formes architecturées et célèbre sa victoire sur la matière[147]. Bien que l'esthétique de la grotte occupe quantitativement, dans le jardin réel, une part infime de la surface à maî-triser, on y exploite avec une jubilation visible toutes les rencontres de l'art et de la variété, on y dramatise tous les mystères de la fabrication et de l'illusion[148]. La grotte est au centre du débat esthétique. En tant que lieu

---

[146] Les antres des auteurs antiques, Homère, Longus, Virgile, Horace, Ovide, ne s'ornent pas de ce banc. Ronsard s'inspire de l'art des jardins contemporains, peut-être de Sannazar qui place des sièges de verdure dans l'une de ses grottes: *Arcadie*, Prose douzième.

[147] Voici une liste, non exhaustive, des antres de Ronsard:
   – «Le Houx», éd. Gallimard, t. II, p. 787; éd. P. Lmn., t. VI, p. 135.
   – «Chant pastoral à tres-illustre et vertueuse princesse Madame Marguerite de France duchesse de Savoye», 1559, éd. Gallimard, t. II, p. 194; éd. P. Lmn., t. IX, p. 174.
   – «Eglogue III ou chant pastoral sur les nopces de Monseigneur Charles duc de Lorraine...», 1559, éd. Gallimard, t. II, p. 182; éd. P. Lmn., t. IX, p. 75.
   – «Eglogue IIII ou Du-Thier», 1559, éd. Gallimard, t. II, p. 202; éd. P. Lmn., t. X, p. 50.
   – «Le Cyclope amoureux», 1560, éd. Gallimard, t. II, p. 222; éd. P. Lmn., t. X, p. 275.
   – «Eglogue II», 1563, éd. Gallimard, t. II, p. 174; éd. P. Lmn., t. XII, p. 93.
   – «Hynne de l'Automne», 1563, éd. Gallimard, t. II, p. 559; éd. P. Lmn., t. XII, p. 46.
   – «Le Satyre», 1569, éd. Gallimard, t. II, p. 710; éd. P. Lmn., t. XV, p. 67.
   – *La Franciade*, Livre II, vers 357-366, éd. Gallimard, t. I, p. 1011; éd. P. Lmn., t. XVI, p. 12.

[148] Voir la *Recepte veritable* de B. Palissy. Les grottes aimantent les regards des visi-teurs dans les jardins. En témoignent les descriptions des voyageurs français en Italie. Avec les fontaines, auxquelles elles se conjuguent souvent, elles consti-tuent une large part de l'invention dans les jardins italiens. La France y vient plus tard, surtout à partir de la construction de la grotte de Meudon, en 1550. Celle de Fontainebleau, la Grotte des Pins, date de 1543.

à la fois le plus naturel ou le plus artificiel, elle cristallise tous les types d'écriture, tous les degrés de la théorie des arts. En tant qu'œuvre de la nature, elle soulève le problème de l'art invisible et des inventions de l'art humain. L'artiste peut se glisser en elle et dissimuler ses talents, ou, au contraire exhiber la supériorité de la reconstruction du réel ou encore, et c'est souvent le cas dans les jardins, laisser le spectateur apprécier les pouvoirs de la nature et ceux de l'artifice en plaçant côte à côte leurs métamorphoses du matériau originel. L'éloge de la grotte de Meudon s'inscrit bien dans cette problématique d'actualité et, sans le moindre doute, signale les choix de Ronsard. La «maison des Muses» ne peut se satisfaire de structures architecturales et d'ornements trop ostentatoires, trop rigides; le poète leur substitue le style du rinceau emprunté aux parures de la nature, agrémenté d'humbles végétaux en harmonie avec l'ombre sacrée du lieu[149].

Ronsard a puisé dans le paysage littéraire antique la matière qu'il dispose et amplifie[150]. Mais lui, si soucieux de varier, n'a pas, à la manière d'un Bernard Palissy, renouvelé l'invention une fois dessinés les contours de son antre. Il réserve les ruses de la variation à une incessante redistribution des mêmes détails, au polissement de la ligne courbe. «L'Eglogue IIII ou Du-Thier», parue en 1559, permet d'apprécier l'amplification définitive du motif:

> Au bout de l'Antre sonne une vive fontaine,
> Ses bords sont pleins de mousse, et le fond d'une arene
> Que l'onde en sautelant fait jaillir çà et là,
> Et dit-on qu'autrefois la fontaine parla.
>   Une vigne sauvage est rampant sur la porte,
> Qui en se recourbant sur le ventre se porte
> D'une longue trainée, et du haut jusqu'à bas
> D'infertiles raisins laisse pendre ses bras.
>   Les sieges sont de tuf, et autour de la pierre
> Comme un passement verd court un sep de lierre[151].

---

[149] Comme l'a montré D. Fenoaltea dans *Du Palais au jardin, op. cit.*, la deuxième description de la grotte en fait plus encore «la maison des Muses» par le bourdonnement des abeilles qui métaphorisent le chant poétique. Il faut ajouter que l'image de la contamination et de l'assimilation des emprunts est ici vivifiée par le fait que les abeilles investissent un décor architectural pour le rendre à la nature.

[150] Perrine Galand-Hallyn étudie les écarts entre l'antre décrit dans *La Franciade* et les modèles: «l'*Enargeia* à la Renaissance» dans *Les Yeux de l'éloquence, op. cit.*

[151] «Eglogue IIII ou Du-Thier», vers 37-46: éd. Gallimard, t. II, p. 202; éd. P. Lmn., t. X, p. 50.

A côté des sinuosités de la vigne sauvage empruntée à l'antre de Calypso et à la cinquième bucolique de Virgile, on appréciera les interprétations de l'imitation et la *venustas* sauvage ou le sauvage apprivoisé de Ronsard. L'antre, métonymie du style bucolique et du sacré naturel chez Homère, l'antre dont le symbolisme vaste englobe tout le mystère de l'activité poétique, propose sous forme d'image, par rapport aux «fleurs» et au jardin métalinguistiques, avec son filet d'eau, sa lambruche, ses herbes, ses sièges taillés dans la pierre, un art beaucoup plus sauvage, beaucoup plus proche du sacré. Un discours sur le naturel se livre donc ici dans les seules palpitations des nuances, avec une insistance toute particulière sur la technique mise en œuvre. Art de l'équilibre fondé sur la grâce plus que sur la saturation d'une nature encombrée, où l'économie fait figure de règle comme dans la sobriété du jardin-tumulus[152], art de la mise en valeur du détail par le mouvement du vers, plus que par des effets décoratifs appuyés[153]. Là s'échangent les dialogues entre une inspiration au débit contrôlé, et les contraintes d'un art d'autant plus naturel qu'il est parfaitement maîtrisé. Le microcosme de l'antre feint la spontanéité du génie en donnant à voir dans la souplesse du vers quelques mécanismes de l'*enargeia*. Très révélateur de la sinuosité, le doublement du mouvement rythmique s'impose par l'entrelacs des éléments décoratifs du lieu même. À cet égard, la grotte de Meudon pousse à ses limites l'es-

---

[152] La description, qui se veut «sans art» («Le Satyre»), va souvent vers le singulier et vers une adjectivation faible, volontiers simple.

[153] Deux antres manifestent un léger écart en jouant sur la spécification des végétaux et de ce fait se réclament d'une variété moins conforme à celle que Ronsard poursuit: «Chant pastoral à tres-illustre et vertueuse Madame Marguerite de France» et «Le Cyclope amoureux». Mais Ronsard supprime, en 1584, la description de ce dernier antre. Voici les vers 85 à 100 du «Chant pastoral»: éd. Gallimard, t. II, p. 194; éd. P. Lmn., t. IX, p. 174.

> Dedans le creux d'un rocher tout couvert
> De beaux Lauriers, estoit un Antre vert,
> Où au milieu sonnoit une fontaine
> Tout alentour de violettes pleine.
> Là s'eslevoient les œillets rougissans,
> Et les beaux liz en blancheur fleurissans,
> Et l'ancolie en semences enflée,
> La belle rose avec la giroflée,
> La paquerette et le passe-velours (l'amarante),
> Et ceste fleur qui a le nom d'Amours.
> Ceste fontaine en ruisseaux separée
> Baignoit les fleurs d'une course esgarée
> S'entre-lassant en cent mille tortis,
> Que ny chévreaux, ny vaches, ny brebis
> D'ergots fourchus n'avoient jamais foullée,
> Ny les Pasteurs de leurs lévres souillées.

thétique du «tortis»[154] par le jeu de reflets entre enjambements, sonorités et sémantisme.

L'antre met à jour un naturel «humilié»[155]. Il est symptomatique que la nature brute que recherchent les constructeurs de grottes, quand ils jouent sur les bossages grossiers, les stalactites et les congélations, ou que la nature réinterprétée par les incrustations diverses de pierres ponces, les dessins de coquilles et de coraux, n'intéresse aucunement Ronsard[156]. Le rustique prôné par Sebastiano Serlio ou bien par Julio Romano au Palais du Tè de Mantoue, réinterprété par le Primatice à Fontainebleau, retrouve ici sa sobriété bucolique et littéraire[157]. Les artifices complexes rapportés par Alberti dans *De re aedificatoria*[158] ne l'attirent guère davantage. Alors que La Pléiade insiste sur l'ornement, les antres de Ronsard attirent peut-être le regard du lecteur vers les secrets de l'harmonie entre le fond et la forme. Si la veine élevée projette sur la grotte de *La Franciade* l'éclairage qui sied à plus de gravité, si tout est significativement transposé, même les couleurs devenues inquiétantes – noir, rouge[159] et blanc –, l'effet obtenu demeure identique. La forme épique, fidèle au même idéal que la poésie basse, c'est-à-dire à la mesure, penche pour l'emploi parcimonieux des tropes et des figures du discours[160].

> Le Dieu vieillard qui aux songes preside,
> Morne habitoit dans une grotte humide :
> Devant son huis maint pavot fleurissoit,
> Mainte herbe à laict que la nuit choisissoit
> Pour en verser le jus dessus la terre,
> Quand de ses bras tout le monde elle enserre.

---

[154] *Ibid.*, vers 97.

[155] A notre connaissance, deux grottes inspirées par l'antre du sommeil d'Ovide, et gardant peut-être trace de l'entrée des Enfers chez Virgile, relèvent plus visiblement d'un style élevé mais très sobre : l'antre d'Auton dans l'«Hynne de l'Automne» et celui de *La Franciade*.

[156] Les pierres ponces se retrouvent, par exemple, chez Homère (*Odyssée*, V), chez Virgile (*Géorgiques*, IV). Longus décrit avec une certaine insistance des statues de nymphes dans *Les Amours pastorales de Daphnis et Chloé*, trad. de J. Amyot.

[157] J. Sannazar, pourtant adepte en son *Arcadie* du naturel qu'il place au-dessus des savantes compositions de jardin, cède, pour sa grotte, à une architecture et à une décoration complexes, certes tempérées par le goût rustique.

[158] Chapitre IV : voir les grottes d'inspiration marine dont G. Vasari traite également dans *La Vie des meilleurs peintres, sculpteurs et architectes*, 1550, deuxième édition revue et corrigée, Paris, Berger-Levrault, 1981-89, t. I.

[159] Le pavot – il s'agit ici du *papaver somniferum* – couvre toute la gamme du bordeaux au blanc en passant par le rouge.

[160] On trouve ici un exemple très clair du changement de registre sur un même motif, et un échantillon de ce que pouvaient être les exercices recommandés par les rhétoriques à partir des lieux communs.

> Du haut d'un Roc un ruisseau s'escouloit,
> Remply d'oubly qui rompu se rouloit
> Par les cailloux, dont le rauque murmure
> Des yeux flatez resseroit l'ouverture[161].

Si ailleurs Ronsard loue en Bacchus l'inventeur de la vigne ou les mérites du génie humain adepte de la greffe, ses antres, au contraire, réclament le stérile[162]. Souple, sinon circulaire, la ligne ne dessine pas même le rond parfait; de la même manière l'asymétrie rompt le rythme de l'alexandrin, l'étire sur le vers suivant par un ample mouvement syntaxique. Le «passement vert» du lierre, profession de foi du naturel contre les richesses artificielles, commande une *ekphrasis* fondée sur l'accord intime des parties avec l'ensemble, sur le dialogue de la poésie avec la nature dans son dynamisme, son œuvre de création et de décoration. Vert le passement, vert le poème, verte toute la poétique qui s'enfante dans l'antre des Muses[163].

La tradition livrait à Ronsard deux inspirations: à côté des antres de Virgile et d'Horace qui offrent un aimable repos à la collation du berger, à côté de l'antre de Calypso, les autres relèvent surtout du style élevé: antre du Cyclope, d'Ithaque, de Bacchus, du Sommeil, des Enfers... Ronsard ne choisit ni exclusivement la grotte bucolique ni l'antre sauvage, effrayant ou saisissant de grandeur. Le lieu qui remplit la haute mission de représenter la perfection naturelle combine les deux à la fois. Ce faisant, il retrouve le sacré homérique, mais il a soin d'effacer les marques visibles d'un art un peu plus géométrique à l'extérieur de la grotte de Calypso[164]. L'antre sacré, motif apaisé, recentré, en regard de la dispersion

---

[161] *La Franciade*, II, vers 357-366, éd. Gallimard, t. II, p. 1011. La description des antres a en commun des jeux de sonorités: nous n'en citerons qu'un, proche de celui des vers 364-365, et pris à l'«Eglogue II», éd. Gallimard, t. II, p. 176, vers 97-98:

> Du pié naist un ruisseau, dont le bruit delectable
> S'enroue entre cassé des cailloux et du sable[...].

[162] «Eglogue IIII ou Du-Thier», vers 44, éd. Gallimard, t. II, p. 203; éd. P. Lmn., t. X, p. 50. «Eglogue III», vers 135-139, éd. Gallimard, t. II, p. 182; éd. P. Lmn., t. IX, p. 75.

[163] On se rappellera aussi l'«isle verte», effacée des autres versions «De l'Election de son sepulchre», vers 14, éd. P. Lmn., t. II, p. 97.

Quand on sait l'influence de Ronsard, on est en droit de se demander si ses antres n'ont pas contribué à encourager en France la vogue rustique et la rêverie de la retraite qui se développe, sur fond de guerre, surtout à partir des années 1580.

[164] Homère fait s'écouler vers l'extérieur quatre sources, d'abord plus ou moins parallèlement:

> Au rebord de la voûte, une vigne en sa force éployait ses rameaux, toute fleurie de grappes, et près l'une de l'autre, en ligne, quatre sources

spatiale et temporelle des hymnes, concentre toute l'interrogation sur les secrets de la fabrication. En accord avec Porphyre, des analogies s'établissent entre l'antre et le cosmos, l'antre et l'œuvre, achevé en apparence et pourtant toujours soumis aux énergies universelles que le petit filet d'eau symbolise[165]. Plus secret, moins éclatant et tonitruant que les saisons, l'antre des Muses recule dans l'ombre le mystère de la Beauté qui échappe au regard.

Le paysage idéal

Conformément aux recommandations des arts poétiques le poète doit se tourner vers la variété de la nature. Sans dénier à ce terme la possibilité de désigner l'individualité de l'auteur, surtout lorsque le mot est mis en relation avec l'imitation et l'art[166], et à condition que la technique corrige sans cesse les dispositions premières, il semble que, pour ce qui regarde la diversité à apporter au style, le modèle explicitement désigné coïncide bien avec la grande nature à laquelle se sont ouverts la peinture de Fontainebleau, les poètes néo-latins, puis en langue française. Mais ne nous y trompons pas : Ronsard, poète de la nature, sensible à ses souffrances, animé d'un amour sincère pour elle, en sympathie avec les mouvements qui l'agitent, recompose un paysage idéal à partir d'une diversité héritée, ou, selon les mots de Jacques Peletier, « donne nouveauté aux choses vieilles », et bien évidemment aussi « autorité aux nouvelles ». Rarissimes les paysages, les jardins qui feraient écho à un référent réel, et ne seraient aussitôt refondus selon les canons de la belle nature[167]. L'antique s'impose

---

versaient leur onde claire, puis leurs eaux divergeaient à travers des prairies molles, où verdoyaient persil et violettes. Trad. de Victor Bérard, (1931) Paris, Gallimard, 1955.

[165] Porphyre, *De antro nympharum*, trad. de J. Trabuco, Paris, E. Nourry, 1918; rééd., Paris Arma Artis, 1981.

[166] Jacques Peletier, *Art poétique*, I, 2 :

Mais certes qui voudrait prendre ici Nature amplement pour cette grande ouvrière, qui agit universellement sur tout ce qui est au monde, et sur tout ce qui tombe en la cogitation des hommes : et qui comprend même les choses que nous appelons contre nature, et encore les supernaturelles : lors il n'y aurait que la Nature au Monde. Et en cette façon l'artifice même aura sa nature : comme quand on dit l'ordre naturel et le parler naturel. Mais si nous entendons plus étroitement Nature, pour ce qui est imposé en nous, sans notre peine et sans notre première intention [...].

Nous renvoyons au chapitre de Jean Lecointe sur cette question : « Universaux du discours critique » dans *L'Idéal et la différence*, *op. cit.*, p. 58.

[167] « Gayeté III », éd. Gallimard, t. I, p. 532 ; « Épitre à Ambroise de La Porte parisien, éd. P. Lmn., t. VI, p. 10 : la pièce relate une promenade hors de Meaux et, malgré les références antiques à la première bucolique de Virgile, à la mythologie, elle reflète les choses vues, pour autant qu'elles répondent à l'idée qu'il a

à Ronsard avant même qu'il ait pu songer à reproduire la vraie nature. Au reste, le mot recouvre un paysage culturel, différent de celui de la peinture en ce qu'il ne s'associe ni aux ruines ni aux citations monumentales. En même temps Rémi Belleau, de son côté, hypertrophie l'architectural au point de ne laisser à la nature pratiquement que la scène circonscrite dans un encadrement de fenêtres[168]. En revanche, le paysage antique ne s'interprète jamais chez Ronsard séparément des divinités qui lui assurent sa dimension sacrée[169]. Que les esquisses de paysages donnent l'impression de familiarité, tel est sans doute le résultat du travail sur le naturel. Mais au fond, les végétaux symboliques et les lieux idéaux, toujours emblématiques de l'imitation, invitent à la lecture allégorique et semblent dire : voici ce que j'ai emprunté, voilà ce que j'en ai fait.

Les vues de la nature ressortent plus idéales encore que chez ses modèles : premièrement dans leur manière de concentrer les éléments du paysage souvent dispersés par les Anciens, et de signifier ainsi une poétique totalisante ; deuxièmement dans le soin d'effacer du panorama des forêts, des monts, des vallées, des antres et des campagnes les particularismes descriptifs qu'avaient introduits, par moments, Théocrite, Virgile ou Horace[170].

> Avant qu'aller chez vous, je vivois sans esmoy,
> Maintenant par les bois, maintenant à part moy
> J'errois pres des ruisseaux, maintenant par les prées
> J'allois le nourrisson des neuf Muses sacrées :
> Il n'y avoit rocher qui ne me fust ouvert,

---

de la poésie. Précisément, ici, le paysage des vendanges tisse des liens avec l'ivresse poétique. Un autre exemple est intéressant, si l'on analyse le travail de correction : « Les Bacchanales », dans leur état de 1552, font glisser le souvenir réel et son décor suffisamment vague vers les cadres stylistiques antiques conventionnels ; il faut mettre en parallèle le début de la description, les vers 175-180, avec les vers 181-210, 463-468, 484-486. En 1584, le point de départ plus réaliste est même supprimé ; triomphe une nature parfaitement idéalisée et littéraire. « Le Voyage d'Hercueil », éd. Gallimard, t. II, p. 823 ; « Les Bacchanales ou le folastrissime voyage d'Hercueil à Paris », éd. P. Lmn., t. III, p. 184.

[168] *La Bergerie*, Première journée. Techniques héritées de la peinture et recensées parmi les procédés qui servent à introduire les constructions antiques dans les tableaux de l'école bellifontaine par Martine Vasselin : « L'Antique dans le paysage de l'école de Fontainebleau », *Le Paysage à la Renaissance*, études réunies et publiées par Yves Giraud, Editions Universitaires de Fribourg, Fribourg, 1988.

[169] C'est peut-être de Niccolò Dell'Abate, qui exerce à Fontainebleau après 1552, que Ronsard se rapproche le plus : d'immenses paysages parcourus ou habités de divinités envahissent tout l'espace de la représentation.

[170] Par exemple, les adjectifs, les variétés de plantes, et encore chez Virgile et Horace quelques vues réelles : le Mincio de Virgile et les alentours de Mantoue.

Ny antre qui ne fust à mon œil descouvert,
Ny source que des mains boivant je n'espuisasse,
Ny si basse vallée où tout seul je n'allasse[171].

Idéal aussi le paysage par le travail des antres où la vision guide nature et style vers une nouvelle expression métaphorique de la *maniera* de Ronsard. Là encore la reprise constante de composantes presque identiques prouve combien le tableau se compose à partir d'universaux du paysage, artefacts littéraires plus que reproduction, belle nature antique remodelée, où les choix du poète amplifient l'antre au détriment des autres lieux. Il semble bien possible de trouver dans l'antre favori un exemple de cette représentation idéale de la nature correspondant à la définition de l'art pour Aristote, plus vraisemblable que vrai. D'autre part, on voit combien le paysage ronsardien est contemporain de l'interrogation picturale : la beauté ne résulte pas de la traduction visible des proportions et des nombres, esthétique caractéristique de la première Renaissance italienne, mais d'autres règles, celles de la courbe et du mouvement, exaltées par l'école de Fontainebleau. La vision personnelle, tout en nuançant cet adjectif de tout le poids de l'histoire, s'appuie sur les modèles idéaux. Elle cherche en eux les procédés de *mimesis*, mais remonte aussi, dans le modèle naturel, à la source de ce qui peut créer l'illusion suprême, le mouvement des différentes métamorphoses de la nature, désormais à peine suggéré. Le fossé entre le peintre et son objet existe toutefois, étant donné que le rapprochement avec la nature se soumet à l'idée de la beauté qui éclaire l'artiste. L'antre, plus que le reflet infidèle du monde sensible dans l'univers platonicien, révèle une dynamique de la sinuosité et de l'enroulement, forme du changement partout inscrite dans la nature, et idéalement cultivée par l'art. Idéalement, car Ronsard, soucieux de la plus grande sobriété, aurait bien pu emprunter à Apulée la surenchère de l'illusion très prisée par l'esthétique de ce *locus amoenus* littéraire ou réel[172].

Ronsard poursuit jusqu'à la fin son œuvre de synthèse et de dépassement des modèles, mais, après *Les Quatre Saisons de l'an*, parmi les paysages stylistiques, l'antre voit se déployer l'esthétique du naturel et semble jouer seul le rôle de métalangue[173]. Comment expliquer ce quasi abandon du paysage, chéri dès l'enfance, sinon peut-être ainsi : tandis que

---

[171] « Discours contre Fortune », vers 67-74 : éd. Gallimard, t. II, p. 770 ; « Complainte contre Fortune », éd. P. Lmn., t. X, p. 16.

[172] Au deuxième livre de *L'Âne d'or*, Apulée décrit la grotte d'un jardin de Thessalie : les grappes de raisin, qui ornent l'extérieur de la grotte, donnent l'illusion de réalité, effet renforcé par leur reflet dans l'eau de la fontaine, légèrement agitée. A l'imitation parfaite de la nature s'ajoute encore celle du mouvement.

[173] « Elegie XXIIII », éd. Gallimard, t. II, p. 408 ; éd. P. Lmn., t. XVIII, p. 143.

la nature, à considérer les rares paysages qui demeurent[174], semble délais-
sée, le mouvement qui fonde la variété, largement observé et imité, est
totalement passé dans ses vers et dans une poétique du mélange, de l'ubiquité, du traitement personnel des lieux communs. En témoignent le
«Discours à Loys Des Masures» et la «Response aux injures et calomnies». Le vers aussi, par sa souplesse et son élan, n'échappe pas à la loi de
la nature selon laquelle «La matière demeure, et la forme se perd»[175]. La
tâche suprême sera de bâtir pour l'éternité, en prenant appui sur une poétique à l'image d'un monde aussi variable que l'opinion, où toute chose ne
se perçoit que déja happée par la forme suivante[176]. L'on verra alors, dans
l'effacement des hypotyposes paysagères, soit la nature disciplinée par
l'art[177], soit, et c'est, en complément à cette thèse, la conclusion qui ressort de l'étude des métaphores paysagères chez Ronsard, la maîtrise de la
variété progressivement accompagnée d'une lente intériorisation des
processus de la nature qui continuent de présider à la création et de l'organiser[178]; le commentaire de la poétique par l'antre, ce paysage-jardin, et
la révélation capitale du jardinage le prouveraient sans aucun doute[179]. Si
le «Discours à Loys des Masures» abrège à son expression la plus réduite
la métaphore d'une nature contrastée contemplée dans l'architecture
d'une fenêtre[180], il n'en demeure pas moins que la vue panoramique ellip-

---

[174] L'«Elegie XXIIII» prouverait suffisamment que la nature, en ses manifestations
visibles, parle toujours au cœur du poète et que, d'autre part, comme dans les
hymnes, le dialogue philosophique engagé avec la grande nature est plus que jamais entretenu, mais sur un autre mode.

[175] *Ibid.*, dernier vers.

[176] Les vers 101, 103-104 du «Discours à Loys Des Masures» servent de point de
départ à cette remarque: «Discours à Loys Des Masures», éd. Gallimard, t. II,
p. 1017; «Elegie à Loïs des Masures tournisien», éd. P. Lmn., t. X, p. 362.

> Quant au monde où tu es, ce n'est qu'une chimere, [...]
> Tout y va par fortune et par opinion,
> Et rien n'y est durable en parfaite union [...].

En cette esthétique de la phrase, qui reflète le changement perpétuel, il semble
que Ronsard et Montaigne se rejoignent.

[177] C'est la thèse de Perrine Galand-Hallyn dans *les Yeux de l'éloquence, op. cit.*,
p. 311.

[178] *La Franciade*, le *Discours des miseres de ce temps*, par exemple, ne se départent
pas d'une écriture inspirée par le mouvement.

[179] «La Lyre», éd. Gallimard, t. II, p. 689; éd. P. Lmn., t. XV, p. 15; «La Salade»,
éd. Gallimard, t. II, p. 715, vers 99 et *sq.*; éd. P. Lmn., t. XV, p. 76; en particulier,
pour la référence à l'idéal d'équilibre du vieillard de Coryce.

[180] Nous reprenons ici le développement de P. Galand-Hallyn dans *Les Yeux de l'éloquence, op. cit.*, p. 311: «la fenêtre [...] suppose une nature plus domestiquée
encore que chez Politien, où les éléments portaient cependant déjà l'empreinte de
la culture humaine, objet des *Géorgiques*».

tique, qui valorise le divers sur le mobile, ne fait que momentanément défaut à la vision d'une nature dynamique.

Le travail de l'artifice stylistique érigé en naturel supérieur écarte assurément d'une réelle représentation de la nature naguère recherchée dans les hymnes. Pourtant, l'incessant souci de la variété et de ses manifestations si spécifiques, l'attention au multiple changeant, teintent d'un naturalisme particulier, d'un vitalisme discret, l'idéalisme ronsardien. La poésie ne veut pas seulement amplifier par la division du sujet et la synonymie, épandre le contenu de la corne d'abondance, mais elle veut animer l'écriture prolifique; le poète ne vise pas tant la reproduction exacte de la pluralité et de la variété que le principe de changement qui les soustend, la loi de la métamorphose. D'où l'expérience décisive du jardinage qui vient recentrer toute la problématique de la représentation: le végétal, le texte, le poète participent de la même nature, des mêmes mouvements souterrains de la sève, de ses sommeils ou de ses enthousiasmes, bref de la loi de la transformation[181]. En ce sens Ronsard prolonge la théorie érasmienne d'une variété fondée sur la profusion[182], mais il la dépasse aussi par le dynamisme qu'il lui insuffle. *Le Banquet religieux* présente sur les murs peints de ses promenoirs une divergence intéressante d'esthétique. L'illusion de l'art, la glorification du trompe-l'œil sur le modèle, se trouve tellement valorisée qu'elle dispense quasiment de contempler le jardin. On ne pourra que remarquer l'écart qui sépare ces hypotyposes de celles de Ronsard: tandis que la description des peintures chez Érasme s'applique à attirer l'attention sur l'étendue du paradigme naturel, sur l'invention des formes, sur une nature qui s'exerce elle-même dans le combat pour la vie à la supercherie de la *mimesis*, elle ne se soucie guère de transmettre l'illusion du mouvement au-delà du nécessaire[183].

> Là, une dipsade est à l'affût, cachée sous la coquille d'un œuf d'autruche [...]. Tout près se trouve un autre poulpe, faisant voile à la surface de la mer, il s'amuse à jouer les caravelles. Voici une torpille échouée sur le sable de même couleur qu'elle[...][184].

---

[181] Expérience de «La Lyre».

[182] Érasme, *De la Double Abondance*, I, 8.

[183] Cette impression se fait encore plus claire avec l'herbier peint et la curiosité pour le rare:

> De ce côté on a représenté d'après nature toutes les plantes remarquables et dignes de votre admiration. Ici, on peut voir et même toucher sans risques les poisons les plus violents.

[184] *Le Banquet religieux*, dans *Erasme*, éd. établie par C. Blum, A. Godin, D. Ménager, J.-C. Margolin, Paris, R. Laffont, 1992, p. 231. Les fresques ici décrites s'inspirent certainement des mosaïques de Palestrina représentant les animaux du Nil. Encore une imitation de la nature à partir d'un support antique.

C'est par la vitalité de sa vision et de sa conception du style enlevé que Ronsard revient vers le réel. Là va s'affirmer toute la différence avec le *topos* conventionnel et l'appropriation de la *translatio*. La volonté d'intégrer au départ la totalité sous les formes diverses du changement, de l'excès, du conflit modifie le paysage idéal. Que Ronsard ait emprunté aux philosophes les apparences nouvelles qu'il confère à la beauté, et que, partant, l'interprétation personnelle des lieux communs du paysage soit limitée, nul n'en disconviendra. Aristote surtout inspire une esthétique attachée aux facettes de la métamorphose, à ce point qu'il en vient même à inverser, dans l'«Elegie XXIIII», la pensée du philosophe pour qui la matière toujours changeante va vers la forme permanente[185]. Les grandes fresques d'une nature en constant devenir chez Lucrèce et Ovide[186] l'emporteraient-elles alors sur l'éternité des formes, elles-mêmes vouées à la métamorphose? Non. Ronsard, qui toujours a choisi l'instable, semble, malgré le constat mélancolique de cette élégie, avoir cherché à atteindre, dans ses tableaux de la nature, dans la beauté du mouvement et de la ligne courbe ce qui serait pour lui la véritable éternité des formes. Le grand hymne de la fécondité appris, par-delà toutes les autres voix, chez Lucrèce, suggère à Ronsard de résoudre le conflit qui surgit à la fin du *De Natura rerum*, et de réconcilier dans l'œuvre unificatrice la puissance générative et les forces de destruction. Même remarque pour le «change» continuel inspiré à Ovide par Pythagore[187]. L'intrication des influences n'est pas le propos ici, mais elle révèle, à travers leur disparité, les attirances pour le mouvement et leur jeu dans la constitution de l'imaginaire[188]. Elles expliquent aussi en partie le renouveau paysager. Peindre

---

[185] «Elegie XXIII», dernier vers: «La matière demeure et la forme se perd». Cette remarque est empruntée à Michel Jeanneret, dans *Perpetuum mobile*, éd. cit., p. 31 et suivantes.

[186] Lucrèce, *De la Nature*, II, fin et Ovide, *Métamorphoses*, XV, vers 165-172; 252 et suivants.

[187] Malcolm Quainton étudie en particulier autour de «Discours de l'alteration et change des choses humaines» la «philosophie du changement» chez Ronsard: *Ronsard's ordered Chaos*, Manchester, Manchester University Press, 1980, p. 31 et *sq.* Il voit aussi dans la soumission à la mobilité de l'univers l'influence de Sénèque: *De consolatione ad Polybium*: I, 1-4; *Epistulae.*, LXXI, 12-16; XCI, 4-16; CVII, 6-10. La présence de Sénèque se fait encore plus sentir dans l'épître à Ch. de Pisseleu.

[188] On peut se demander si ce n'est pas l'une des explications qu'il faut avancer pour la suppression de la deuxième partie de l'«Hynne de la Philosophie» en 1578. Dans le premier état du texte, la philosophie explore l'univers de haut en bas avant de se retirer, telle la Vertu, sur une haute roche. Dans la dernière version, cette immobilité hautaine, état dans lequel elle attend que les hommes se hissent vers elle, est supprimée. La vision d'un savoir philosophique en mouvement, épousant les secrets et le devenir du monde, sont plus à même de traduire la pensée du poète.

une nature en devenir s'impose presque aussitôt comme la grande contribution de Ronsard à la relecture des lieux communs, comme une intériorisation des philosophies du mouvement appliquée aux procédés d'*enargeia*. Si l'art imite les interprètes antiques de la nature, Ronsard opère résolument un retour vers le modèle originel par le détour de la philosophie, assurément aussi par le rôle qu'il entend donner à l'invention née de l'imagination et de l'observation. Il découvre la qualité majeure de la variété, la faculté de métamorphose, qui devient dans un même élan une pure revendication de style, de tempérament et de fidélité à l'éternité de la nature[189].

---

[189]   Voir l'« Hynne de l'Automne ».

CONCLUSION

La séduction et l'engouement suscités par le lieu commun des paysages justifiait qu'on s'intéresse à ce qui, a priori, passe pour un pur exercice d'imitation répétitif. Mais, dans cette pratique courante au XVIe siècle, le lecteur d'aujourd'hui oublie la dimension de révérence à l'égard de l'Antiquité. Car tout paysage vibre de cette ferveur et du désir d'exceller. Tout paysage prend place au cœur des choix stylistiques et des débats majeurs sur l'abondance et la variété. Avoir choisi Ronsard bornait assurément une matière vaste, redondante, mais plus diversifiée qu'il ne paraît. Qu'on songe, pour ne retenir que deux cas significatifs, aux paysages de Du Bartas et à la fortune considérable du chant de la vie rustique[1]. Nous avons simplement voulu prendre au pied de la lettre les protestations réitérées de supériorité et d'excellence qui invitaient à rechercher les marques de la différence[2], et y croire.

La métalangue paysagère, si fréquemment employée à la Renaissance, connaît deux formes, d'une part le lieu commun convenu des styles, ou de la perfection, qui regroupe les occurrences les plus fréquentes et les moins travaillées, de l'autre, l'amplification élaborée du *topos*; et Ronsard apparaît comme son représentant le plus étonnant. Quelques réflexions s'imposent sur la question centrale de l'imitation, toujours présente dans le paysage des styles et dans le jardin de poésie.

Le paysage, déjà chez ses maîtres, mais plus encore chez lui, et pour la postérité, devient l'un des lieux de l'émulation. Pendant la Renaissance italienne puis française, il représente l'un des motifs favoris où se désignent la matière poétique, l'imitation et la rivalité dans le traitement du

---

[1] Nous n'avons pas étudié ici les paysages cultivés qui ne relèvent pas de la métaphore horticole ou florale ; ils se lient plus à une méditation de la terre qui n'est pas toujours en relation avec le discours sur la poésie, sauf dans les cas signalés et étudiés dans le chapitre «Du traité d'agriculture à une poétique horticole» dans *Le Jardin dans la Littérature française du seizième siècle, op. cit.*.

[2] Le mot renvoie à tout le travail de Jean Lecointe et, en particulier, à cette phrase de sa conclusion: «'la différence', c'est l'excellence; différer, c'est l'emporter sur. Par conséquent, une stratégie de différenciation, de distinction, d'écart, telle qu'elle pourra être mise en œuvre par l'écrivain européen à la suite de Pétrarque et Boccace, pour autant qu'elle ne se soit pas émancipée du code traditionnel des valeurs, ne peut que s'incrire dans une dynamique d''élévation' vers le pôle 'supérieur', celui de l'universel, de la totalité, de 'l'abondance' et du 'sublime'.» *L'Idéal et la différence, op. cit.*, p. 709.

lieu commun. C'est dire, qu'à la suite de Virgile, il enferme tout à la fois
le statut de métalangue et celui de sujet poétique dont les vertus de délectation sont aussi célébrées pour elles-mêmes[3]. D'Ange Politien à Ronsard
le paysage est en effet bien autre chose qu'un simple discours sur la technique poétique. Comme chez Virgile, cette représentation reflète la
nature, les modèles et l'œuvre même, ce à quoi Ronsard, et Politien avant
lui, ne cesse d'ajouter l'homme enivré par les Muses. On assiste ainsi,
dans la perspective diachronique, au passage de la métaphore des *artes
dicendi* et des styles, à celle de la Poésie, reflet rival de la nature. Il est
important de revenir sur la relation que la poésie entretient avec la nature
et que l'usage est convenu de désigner par la métaphore. Tout au long de
cette étude il a souvent paru que, bien plus qu'un rapport de ressemblance,
comparant et comparé sont identiques, chez Ronsard en particulier. Il
conviendrait alors mieux, à supposer que l'on conserve cette figure pour
désigner les reflets de la nature dans le texte, de parler de métaphore sub-
stantielle puisque Nature et Poésie partagent une même essence et de semblables mécanismes de fabrication et de production. C'est pourquoi, bien
souvent, la *mimesis* revêt la forme du mythe et la description se mue en
narration d'un double avènement, celui du végétal et celui du langage
poétique. Tout aussi dynamique que la plante qui se déploie sous la pul-
sion intérieure de la sève, le verbe lui aussi produit plus et mieux, à condition que les outils de jardinage l'aient contraint avec rigueur. Il ne s'agit
pas d'exploiter à nouveau les nombreuses possibilités de la métonymie,
mais de rappeler que, pour le poète qui s'est adonné au jardinage, l'expérience de l'un s'est avérée coexistante de l'autre[4], car travailler le vers
demande de se fondre dans la grande vitalité cosmique. Il serait alors plus
pertinent de voir dans la technique paysagère de Ronsard, plus que le
traitement personnel, indéniablement visible en particulier dans la fable
de la matière en mouvement vers la perfection instable, la différence écla-
tante dans l'excellence technique chez celui qui a su à ce point comprendre la nature de l'intérieur.

Le discours sinueux entretenu entre imitation et nature révèle l'importance de l'esthétique naturelle, au départ de toute la réflexion sur l'imitation dans les arts poétiques, et prend ce tour si particulier qui différencie
justement Ronsard. Dans la configuration singulière qu'il prête à la diversité, le poète, dès les débuts, livre une réponse à la réflexion sur le naturel.

---

[3]   Voir à ce sujet la réflexion d'Albert Py, *Imitation et Renaissance chez Ronsard*,
      Genève, Droz, 1984, p. 27, dont l'introduction inspire certaines de nos
      remarques: «les poètes créent une topique seconde, qui a pour fin de plaire
      comme les premières de persuader, et où les arguments ne sont plus des raison-
      nements acérés, mais des unités narratives, descriptives, lyriques, des thèmes ou
      des motifs, des sujets traités pour le plaisir.»
[4]   «La Lyre» et l'«Hynne de Bacchus».

Si l'art entend communiquer une vision idéale de ce que l'on voit ou de ce que l'on devrait voir, Ronsard, quant à lui, tente de mettre à jour la puissance invisible qui anime de l'intérieur la «copieuse diversité». Au Protée des *Géorgiques*, à la peinture des saisons et de leurs travaux, il préfère les principes commandant l'éternel «change». Et, par delà la théorie antique de la variété et la *copia* érasmienne, les philosophies semblent orienter ses choix. La vision d'un monde en continuelle mutation, d'une diversité vivante et non pas statique, à la fois puise au cœur de la métamorphose pythagoricienne[5], se nourrit d'Aristote, n'est pas toujours étrangère à la poésie atomiste du *De natura rerum*[6], et épouse également les grands courants qui parcourent la nature pour les néo-platoniciens[7]. Pour lui, le naturel, loin de ne rechercher qu'une syntaxe plus fluide et une parure non affectée, se situe en deçà et au delà. En deçà, en intégrant la mobilité et le changement qui président au naturel, au delà, par l'admiration qu'il suscite chez celui qui est pris au piège, non de l'illusion mais de la belle nature vivante. Dans une vue volontairement simplificatrice deux tendances se font jour au XVIᵉ siècle: d'un côté, la glose de la poésie par le paysage exalte plus l'art que son objet, de telle sorte que l'emporte la fonction auto-référentielle d'une écriture qui se contemple, et que les procédés s'exhibent; à l'opposé, Ronsard se détache des écrivains qui ont travaillé le naturel dans le paysage, d'abord par sa prédilection pour ce motif, surtout dans la première moitié de sa carrière, ensuite, dans la réinvention du lieu commun. Plus chargé de textualité que de réalité, le paysage hérité ne se métamorphose pas moins chez lui sous l'effet d'une puissante vision cinétique du réel qui communique son ardeur non seulement à la description de la nature, mais aux scènes mythologiques, mais au texte entier, imposant ainsi de nouvelles harmoniques à toutes les catégories de l'invention, de la disposition et de l'élocution, voire à la notion plus contestable de genre[8]. Parti du paysage sacré à l'antique, après avoir

---

5   *Métamorphoses*, Livre XV. Des passages d'Ovide consacrés à Pythagore peuvent expliquer cette variété en mouvement, en particulier le traitement des saisons avec la progressive maturation de l'an et l'idée que n'existe pas d'état définitif de la matière. Ronsard, toutefois, gomme toute considération mélancolique ou négative. Il écrit des mythes de la construction vers la forme idéale.

6   En particulier dans «Le Voyage d'Hercueil», éd. Gallimard, t. II, p. 823; «Les Bacchanales», éd. P. Lmn., t. II, p. 184.

     Malcolm Quainton parvient à des conclusions voisines en s'appuyant sur quelques grands textes de la mobilité. *Ronsard's ordered Chaos*, p. 31 et *sq.* On se reportera à la page 50 où il recense tous les mouvements de la matière.

7   Chacune de ces philosophies donne de la nature en mouvement sa propre lecture qui a été évoquée dans les pages précédentes.

8   Voir l'article d'Ann Moss, «Ronsard et la poétique du lieu commun», dans *Ronsard en son quatrième centenaire*, *op. cit.*

exploré, par une dilatation considérable du *topos* originel, «la fable appartenant à la matière»[9], il élit le paysage-jardin de l'antre. Cet art neuf, qui part de l'imitation, dont il fait un miel aux saveurs nouvelles, il en revendique le dosage des fleurs et la liberté absolue. Force est de reconnaître, par-delà la dramatisation quelque peu vaniteuse de la gloire, qu'il sait faire des arbres inconnus à partir de ces rameaux attiques et romains transplantés sur le sol français, que l'esthétique du naturel, qui privilégie les manifestations visibles et invisibles du mouvement dans le monde sensible, confère à la mosaïque de paysages hérités la fécondité assurant à l'œuvre son bourgeonnement constant. Encore ne faudrait-il pas négliger la part de la sensibilité aux arts plastiques qui relève tout autant de cette même entreprise de savante contamination, et la rivalité que Ronsard avait aussi certainement installée avec la peinture contemporaine qu'il connaissait bien[10]. Le renouvellement du lieu commun doit également s'interpréter dans cette aire d'émulation[11].

Si les vrais poètes doivent leur talent à la Nature, les paysages et les jardins sauvages de Ronsard rendent évidentes les stratégies mises en œuvre pour faire concorder la nature et l'art. Autrement dit, toutes les recettes de la technique poétique apprise doivent coller au plus près de «la nayve escripture»[12], naturelle en ce qu'elle est native, non dénaturée, donnée au poète au départ, et surtout portée par la fureur. On a vu Ronsard prêter au naturel aussi bien les secrets enfouis d'une nature soumise à la perpétuelle métamorphose que le comble de l'art divin, l'antre sacré, la surface visible du mystère au seuil de l'ombre. Assurément la volonté de plier l'art à la fureur, au tempérament conditionné par l'influx des astres et de cette même fureur, se résout dans l'esthétique du naturel qui prouve la toute puissance de la nature.

Dès le début, les paysages de Ronsard rendent sensible la recherche stylistique du style élevé, quand bien même il s'achemine vers l'inspiration la plus humble. Les hauteurs poétiques se parent des couleurs du prodigieux dans la fable de la variété, tandis qu'elles élisent celles du sublime

---

[9]   *La Franciade*, éd. Gallimard, p. 1167-1168.

[10]   Cela par-delà l'autre lieu commun *Ut pictura poesis.*

[11]   Peut-être une étude a-t-elle été menée qui rapprocherait les techniques descriptives d'*enargeia* chez Ronsard et chez les peintres de Fontainebleau, par-delà les sujets communs d'inspiration? L'ouvrage de Françoise et Pierre Joukovsky, *A travers la Galerie François I*[er], Paris, Champion, 1992, recense divers procédés de mise en relief. Margaret Mac Gowan étudie quelques liens de la poésie avec la peinture dans le chapitre «Art and Poetry Parallels»: *Ideal Forms in the Age of Ronsard*, éd. cit. Adhemar établit des parallèles entre les sujets traités par Ronsard et ceux des peintres de Fontainebleau: «Ronsard et l'école de Fontainebleau», *BHR*, XX, 1958, p. 344.

[12]   Ronsard, «A Michel de l'Hospital».

avec l'antre. La tradition rhétorique a fait de l'une et l'autre de ces catégories l'apanage du style élevé, sans toutefois nier aux styles intermédiaire et bas la possibilité d'atteindre à un degré de perfection qui, par
nature, ne peut les hausser tout à fait au niveau du premier dans la hiérarchie. Or, il est convenu – car la poésie impose de nouveaux modèles rhétoriques, et le poète surclasse l'orateur – que les *Géorgiques* et les *Bucoliques* donnent aux deux styles bas l'occasion d'accéder à cette catégorie
esthétique. De plus, à côté du culte voué à l'excellence virgilienne –
comme à celle d'Homère –, parfaitement visible dans la métalangue paysagère, on sait que le style idéal visé n'est pas un. Sur la scène française
où veulent exceller les poètes, dans les premières années du règne de
Henri II, Ronsard élabore peu à peu sa lecture de la variété, et choisit assez
rapidement une voie plus individuelle, à tout le moins différente[13]. Le
«style doux»[14], commenté par les paysages, semble vouloir rendre familier le sacré hautain de l'épopée et élever les simples ingrédients de la bucolique jusqu'aux manifestations du divin. Ronsard parvient-il à son but?
En partie, peut-être, par le choix d'une description étrangement plus al-
lusive, économe et dépouillée que pittoresque, lorsqu'il brosse ses paysages récapitulatifs. La refonte des modèles va alors vers un certain laco-
nisme et une pureté animés par le seul rythme, la place du mot, le choix
des sonorités : la fureur et le lieu parlent tous deux en un jeu d'échos le
même langage de l'élan. Que le texte laisse place à l'amplification, il se
distingue encore par une brièveté certaine et, surtout, par ce même dynamisme généralisé, comme si l'expression de la plus grande rusticité, si
l'on songe au motif favori des antres, et du naturel stylistique supérieur,
visait à rendre compte de l'invisible courant que transpose la fluidité des
vers : le mouvement perpétuel de la nature et de l'enthousiasme associe
les images d'écoulement et d'enroulement[15]. Alors qu'elle penche de plus
en plus vers une apparente spontanéité accordée aux paysages élus, la
poétique, comme l'ouvrage de la nature dans l'antre, dissimule, sélec-
tionne, suggère le mouvant et pratique le jardinage paysager et poétique.
Si le style *sublimis* semble avoir perdu ses vertus, quoique les arts
poétiques du renouveau aient chanté l'avènement d'une épopée française,
c'est aussi sous l'influence de Ronsard qui transpose toutes ses caractéristiques – la gravité et la majesté, la fécondité, l'abondance, la puissance
mouvementée[16] – dans le style bas, familier, également régénéré par les

---

[13]   Dès *Le Cinquiesme Livre des odes*.
[14]   «Le Houx», éd. Gallimard, t. II, p. 787; éd. P. Lmn., t. VI, p. 135.
[15]   Elles sont présentes, très tôt, plus ou moins fréquemment, mais l'antre les enlace.
       Le mètre épouse cette forme par l'enjambement. Ronsard le recommande dans la
       Preface sur La Franciade, éd. Gallimard, t. I, p. 1169; éd. P. Lmn, t. XVI, p. 331.
[16]   Cicéron, *L'Orateur*, V, 20-21.

qualités du style intermédiaire et ses exigences de clarté et de mesure, mais dépouillés de ses excès trop fleuris. Ronsard, par la courbe et le mouvement, transfère dans la poésie la divinité de la nature[17]. L'antre, jardin sauvage, devient l'emblème d'une nouvelle manière, « domestique »[18] et malgré tout éminemment sacrée, où l'élégance suprême naît du refus de l'affectation, de la sélection la plus soigneuse des rares fleurs, de cet art d'entortiller les feuillages non plus dans la rondeur de la couronne, mais pour célébrer, à l'entrée du monde souterrain, l'orée du sacré. Sans jamais enfreindre ces nouvelles règles de l'harmonie et de l'équilibre, le poème de l'antre éclaire une interprétation du naturel, cette esthétique du « tortu » ou de la volute[19], réalisation supérieure de la nature et de la perfection artistique.

Dans l'antre favori, il semble bien possible de trouver un exemple de cette représentation idéale de la nature correspondant à la définition de l'art pour Aristote, plus vraisemblable que vrai. Ne faut-il pas alors reconnaître, en ces images du langage poétique, les caractéristiques du naturel vraisemblable vers quoi tend la poésie à la différence de l'histoire[20]? Cette clarté, cette simplicité, cette abondance d'une autre nature amènent à préciser l'idée d'un naturel « vraisemblable » ou « possible » et que Ronsard théorise dans l'*Abbregé de l'art poetique françoys* en 1567[21]. Quand il imite les plus grands, Homère et Virgile, et en vient à trouver son propre style, il ne copie pas seulement la nature. Comme le voulait Aristote l'art

---

[17] Il convient peut-être de rapprocher, en partie, la démarche de Ronsard de celle de Cardan à l'égard de la variété. Nous reprenons ici l'étude de Jean Céard dans *La Nature et les prodiges* à la page 230, éd. cit. *De rerum varietate* distingue deux « mouvements », l'un « par lequel la nature divine et immortelle se diffuse en ces choses mortelles et caduques », « le second par lequel l'esprit humain, par l'étude et le savoir, rappelle les choses mortelles et caduques à ce principe divin selon un ordre pour ainsi dire inverse »: traduction par Jean Céard du *De Rerum varietate*, éd. de 1557, p. 42. Jean Céard poursuit: « La difficulté de l'opération de description consiste donc à traduire dans un autre langage la variété à la fois sans la réduire et sans en rompre la continuité. »

[18] Ronsard, « Le Houx », vers 22.

[19] Ronsard, « Eglogue III ou chant pastoral sur les nopces de Monseigneur Charles duc de Lorraine, et Madame Claude, fille deuxième du Roy Henri II », éd. Gallimard, t. II, p. 182; éd. P. Lmn., t. IX, p. 75.

[20] Ronsard, *Preface sur La Franciade*, éd. Gallimard, t. I, p. 1166-1167; éd. P. Lmn., t. XVI, p. 331.

[21] Ed. Gallimard, t. II, p. 1178; éd. P. Lmn., t. XIV, p. 3. Le terme « vraisemblable » apparaît avec une correction en 1567, note G. Castor dans *La Poétique de la Pléiade. Etude sur la pensée et la terminologie du XVIe siècle*, éd. cit., p. 89. On le retrouve encore dans l'*Épître au lecteur* de 1572 et dans la dernière préface de *La Franciade*:

> Il a pour maxime tresnecessaire en son art de ne suivre jamais pas à pas la vérité, mais la vraysemblance, et le possible. Éd. Gallimard, t. I, p. 1165.

imite la nature, certes, mais en fonction d'universaux élaborés à partir d'elle, en fonction d'une forme qui existe dans l'âme humaine avant d'organiser la matière[22]. Quel que soit le culte voué à la matière changeante et à sa beauté, à cette forme qui toujours se cherche dans la métamorphose, la poésie offre bien à Ronsard une voie vers le général. En ce sens, l'objectif visé dans l'épopée, comme dans le style bas, se conforme à une idéalisation du naturel[23]. On identifiera aisément les linéaments du vraisemblable que le classicisme viendra peu à peu à élaborer, quand, héritier de Ronsard, mais déjà si différent, un Malherbe célèbre l'«éternelle structure» qui «Aux miracles de l'art fait céder la nature»[24].

Peut-être convient-il de reconnaître en cette sinuosité idéale, l'évolution et la traduction apaisée de l'ivresse, forme supérieure de la nature qui impose ses modèles à l'art. Il n'est pas du tout indifférent que la vigne sauvage signe toujours l'antre de sa beauté gracieuse, à la manière homérique. L'art se plie à l'ivresse de la nature ou à celle du poète, ce qui revient au même, pour capter leur perfection[25]. C'est pourquoi, de ce point de vue, il faut prendre à la lettre la soumission à la fureur et à son mouvement torrentueux, même s'il concède à l'art une position seconde. Ronsard est convaincu que l'enthousiasme et le flux qui court dans la nature ne sont qu'un, et que ces deux faces d'une même ivresse composent la forme supérieure de la nature et de la beauté que l'art vient simplement mettre en ordre, ou transcrire en un langage plus universel. C'est ainsi que peut se comprendre l'apparente soumission à la théorie d'*Ion*. Le naturel, en tant qu'essence de la variété, a évincé toute autre distinction stylistique de hiérarchie, si bien qu'il l'emporte dans l'esprit du poète sur la représen-

---

[22] Aristote, *Métaphysique*, VII, 7 (1032a) et *Poétique*, IX. Nous renvoyons, pour l'influence d'Aristote, à l'étude de Grahame Castor, *La Poétique de la Pléiade. Etude sur la pensée et la terminologie du XVIᵉ siècle*, éd. cit., pp. 89-93; G. Castor cite également Henri Weber, *La Création poétique au XVIᵉ siècle en France de Maurice Scève à Agrippa d'Aubigné*, Paris, Nizet, 1956, p. 124: «la *Poétique* d'Aristote ne commence à exercer une influence en France qu'à partir de 1561 par l'intermédiaire de la poétique latine de Jules César Scaliger». Gisèle Mathieu-Castellani traite de la question dans «Vérité, fiction, histoire, poésie dans le discours préfaciel de Ronsard», *Les Hymnes de Ronsard, Cahiers Textuels 34/44*, 1985, n° 1, p. 9-23.

[23] Voir la conclusion de Margaret Mac Gowan dans *Ideal Forms in the Age of Ronsard, op. cit.*

[24] Malherbe, *Sonnets*, X.

[25] On comparera cette forme apaisée de l'ivresse aux débordements du «Voyage d'Hercueil» ou aux effets de dissonances, aux violences inhérentes à chaque saison, avant la conquête d'un équilibre dans *Les Quatre Saisons de l'an*, puis dans les antres.

tation de la nature[26] et sur le paysage métaphorique qui disparaît progressivement. Il est bien entendu que la coloration «personnelle» que
Ronsard a pu apporter à la topique des styles par le détournement qu'il lui
fait subir, ne doit pas se comprendre comme une marque de singularité,
mais plutôt comme le signe d'une adéquation supérieure entre une certaine vision et les catégories universelles de la nature. Il s'agit tout à la
fois de transcrire par la parole les formes de l'ivresse perçues comme
l'idéal naturel et de faire que la poésie soit, plus que la représentation des
merveilles du monde, une production de la nature égale, ou supérieure, à
la diversité mouvante du créé.

---

[26]   C'est la période de l'antre inaugurée avec «Le Houx», daté de 1555, et qui se
       prolonge jusqu'à 1569, au moment où il publie *Le Sixiesme Livre des poemes*
       (voir «Le Satyre»), et s'épuise ensuite: *La Franciade* en présente encore un en
       1572 (II, v. 357). Ronsard penche finalement pour un naturel «vraisemblable»,
       de plus en plus épuré, qui déjà était sa mesure auparavant et dont on trouve la
       trace dans l'*Abbregé de l'art poetique françoys* de 1565.

BIBLIOGRAPHIE

TEXTES ANTIQUES

ANACRÉON, *Les Odes d'Anacréon*, trad. de Rémi Belleau, Paris, A. Wechel, 1556.

APULÉE, *L'Ane d'or ou Les Métamorphoses*, trad. de P. Grimal, Paris, Gallimard, 1958.

ARISTOTE, *Poétique*, introduction, trad. nouvelle et annotation de M. Magnien, Paris, Le Livre de Poche classique, 1990.

– *Rhétorique*, trad. de C.-E. Ruelle revue par P. Vanhemelryck, commentaires de B. Timmermans, Paris, Le Livre de Poche, 1991.

CICÉRON, *De l'Orateur*, texte établi et trad. par E. Courbaud, Paris, Les Belles Lettres, 1922.

– *L'Orateur*, texte établi et trad. par A. Yon, Paris, Les Belles Lettres, 1964.

CLAUDIEN, *Le Rapt de Proserpine*, texte établi et trad. par J.-L. Charlet, Paris, Les Belles Lettres, 1991.

COLUMELLE, *De l'Horticulture*, texte établi et trad. par E. de Saint-Denis, Paris, Les Belles Lettres, 1969.

EMPÉDOCLE, *Empédocle d'Agrigente*, présenté et trad. par J. Zafiropulo, Paris, Les Belles Lettres, 1953.

HERMOGÈNE, *L'Art rhétorique*, trad. et notes de M. Patillon, Paris, L'Âge d'homme, 1997.

HÉSIODE, *Les Travaux et les jours*, texte établi et trad. par P. Mazon, Paris, Les Belles Lettres, 1993.

– *Théogonie*, texte établi et trad. par P. Mazon, Paris, Les Belles Lettres, 1993.

HOMÈRE, *Odyssée*, texte établi et trad. par V. Bérard, Paris, Les Belles Lettres, 1924.

HORACE, *Odes et épodes*, texte établi et trad. par F. Villeneuve, Paris, Les Belles Lettres, 1990.

– *Art poétique*, texte établi et trad. par F. Villeneuve, Paris, Les Belles Lettres, 1978.

LUCRÈCE, *De la Nature*, texte établi et trad. par A. Ernout, Paris, Les Belles Lettres, 1990.

MACROBE, *Les Saturnales*, dans *Œuvres*, Paris, Panckoucke, 1845-47; introduction, trad. et notes par Ch. Guittard, Paris, Les Belles Lettres, 1997.

– *Le Songe de Scipion*, Paris, M. Glomeau, 1913 ; *Macrobii Ambrosii Theodosii Commentarium in Somnium Scipionis Libri duo*, trad. et notes de L. Scapa, Padoue, Liviana, 1981.

MARTIANUS CAPELLA, *Les Noces de Mercure et de Philologie, Martianus Capella and the Seven Liberal Arts*, W. Harris Stahl, New York, Columbia University Press, 1977.

OVIDE, *Métamorphoses*, texte établi et trad. par G. Lafaye, Paris, Les Belles Lettres, 1985, et commenté par R. Schilling, Paris, Les Belles Lettres, 1993.

– *Les Fastes*, t. II, Livres IV-VI, trad. et commenté par R. Schilling, Paris, Les Belles Lettres, 1981.

PINDARE, *Pythiques*, texte établi et trad. par A. Puech, Paris, Les Belles Lettres, 1992.

PLATON, *République*, texte établi et trad. par E. Chambry, Paris, Les Belles Lettres, 1989.

PLOTIN, *Ennéades*, texte établi et trad. par E. Bréhier, Paris, Les Belles Lettres, 1989-1990.

PORPHYRE, *L'Antre des Nymphes*, trad. de J. Trabuco, Paris, E. Nourry, 1918 ; rééd., Paris Arma Artis, 1981.

PRISCIEN, *Hermogenis rhetoris ad artem oratoriam praeexercitamenta ductu et inversione Prisciani*, Paris, S. Colin, 1540.

– *Rhétorique à Herennius*, texte établi et trad. par G. Achard, Paris, Les Belles Lettres, 1989.

PROPERCE, *Elégies*, éd. et trad. de D. Paganelli, Paris, Les Belles Lettres, 1990, (1ère éd. 1929).

QUINTILIEN, *Institution oratoire*, texte établi et trad. par J. Cousin, Paris, Les Belles Lettres, 1975-1980.

THÉOCRITE, *Idylles*, texte établi et trad. par Ph.-E Legrand, Paris, Les Belles Lettres, 1972.

VIRGILE, *Bucoliques*, texte établi et trad. par E. de Saint-Denis, Paris, Les Belles Lettres, 1967.

– *Géorgiques*, texte établi et trad. par P.-A. Nicolas, Paris, Les Belles Lettres, 1948.

– *Enéide*, texte établi et trad. par J. Perret, Paris, Les Belles Lettres, 1977-1980.

TEXTES DES XVᵉ ET XVIᵉ SIÈCLES

Editions utilisées pour Ronsard

– *Œuvres complètes*, établie et présentée par J. Céard, D. Ménager et M. Simonin, Paris, Gallimard, t. I, 1993 ; t.II, 1994.

– *Œuvres complètes*, éd. critique avec introduction et commentaires de P. Laumonier, 20 volumes, 1914-1975 ; 2ᵉ éd., Paris, Didier, 1957.

Autres auteurs

BAÏF Jean Antoine de, *Euvres en rime*, notes de Ch. Marty-Laveaux, Paris, A. Aubry, 1881-1890; Genève, Slatkine, 1966.

BELLEAU Rémi, *La Bergerie*, Genève, Droz, 1954.

BELLEFOREST François de, *Chant pastoral sur les nopces de tresillustres Princes et Princesses...*, Paris, A. Brière, 1559.

BINET Claude, *Discours de la vie de Pierre de Ronsard*, Paris, Gabriel Buon, 1586.

BOUCHET Jean, *Le Labyrinthe de Fortune et séjour de trois nobles dames*, Poitiers, Jacques Bouchet, 1522.

COLLETET Guillaume, *Vie de Pierre de Ronsard*, introduction, notes de F. Bevilacqua Caldari, Paris, Nizet, 1983.

CONTI Natale, *Mythologiae, sive explicationum fabularum, Libri X*, P. Sittart, 1583, première éd. 1551; *Mythologie c'est à dire explication des fables [...] extraite du latin* de Noel Le Comte, par I. D. M., Rouen, Jean Osmont, 1611, première éd. 1604.

DU BARTAS Guillaume de Salluste, *La Sepmaine*, présentation d'Y. Bellenger, Paris, STFM, 1993.

– *La seconde Semaine*, présentation d'Y. Bellenger, Paris, STFM, 1991.

DU BELLAY Joachim, *Œuvres poétiques*, éd. critique par H. Chamard, 6 volumes, Paris, STFM, 1961; éd. critique par G. Demerson, 2 volumes, Paris, STFM, 1984-1985.

DU PERRON Jacques Davy, *Oraison funèbre sur la mort de Monsieur de Ronsard* (1586), éd. critique de M. Simonin, Paris, Droz, 1985.

ERASME Desiderius, *Le Banquet religieux*, (1522), éd. établie par C. Blum, A. Godin, D. Ménager, J.-C. Margolin, Paris, Laffont, 1992.

– *De duplici copia verborum ac rerum commentarii duo*, (1512), *dans Opera omnia Desiderii Erasmi Roterodami*, North-Holland-Amsterdam-New York-Oxford-Tokyo, 1988.

FICIN Marsile, *De vita libri tres*, texte établi, trad. et annoté par C. Favret, Paris, Institut d'Etudes Latines, 1989.

HABERT Isaac, *Les Trois Livres des méteores*, Paris, Jean Richer, 1585.

JODELLE Etienne, *Œuvres complètes*, éd. critique par E. Balmas, Paris, Gallimard, 1965.

LEMAIRE de BELGES Jean, *La Concorde des deux langages*, (1511), éd. critique par J. Frappier, Paris, Droz, 1947.

– *L'Illustration des Gaules*, (1510-11), Louvain, J. Strecher, 1882-85.

MAROT Clément, *Œuvres poétiques complètes*, éd. critique par G. Defaux, Paris, Bordas, 1990.

– *L'Adolescence clémentine*, éd. critique par F. Lestringant, Paris, Gallimard, 1987.

MURET Marc-Antoine, *Commentaires au premier livre des Amours de Ronsard*, éd. de J. Chomarat, M.-M. Fragonard, G. Mathieu-Castellani, Genève, Droz,

1985; *Les Amours et leurs commentaires*, éd. de Ch. de Buzon et P. Martin, Paris, CDI, Classiques Didier Erudition, 1999.

PELETIER Jacques, *Art poétique*, dans *Traités de poétique et de rhétorique de la Renaissance*, introduction et notes de F. Goyet, Paris, Le Livre de Poche classique, 1990.

POLITIEN Ange, *Silves*, (1482-1486), trad. et commenté par P. Galand-Hallyn, Paris, Les Belles Lettres, 1987.

SAINTE-MARTHE Charles de, *La Poésie française de Charles de Sainte-Marthe*, Lyon, Le Prince, 1540.

SANNAZAR Jacques, *L'Arcadie*, (1504), trad. par J. Martin, Paris, M. Vascosan et G. Corrozet, 1544.

SCALIGER Jules César, *Poetices libri VII*, (1561); *Poétique, livre V: le critique*, éd. et trad. de J. Chomarat, Genève, Droz, 1994.

SÉBILLET Thomas, *Art poétique français*, (1548), dans *Traités de poétique et de rhétorique de la Renaissance*, introduction et notes de F. Goyet, Paris, Le Livre de Poche classique, 1990.

SPERONI Sperone, *Le Dialogue des langues*, (1542), dans *Opere*, Roma, Vecchiarelli, 1989.

TYARD Pontus, *Solitaire premier ou Discours des Muses et de la fureur poétique*, (1552), éd. critique par S. F. Baridon, Genève, Droz, 1950.

TREBIZONDE Georges de, *Rhetoricum libri V*, Bâle, Valentin Curio, 1522.

VAUQUELIN DE LA FRESNAYE Jean, *L'Art poétique françois*, (1605); éd. de A. Genty, Paris, Poulet-Malassis, 1862.

VASARI Giorgio, *La Vie des meilleurs peintres, sculpteurs et architectes*, (1550), trad. et éd. sous la direction d'A. Chastel, 2ᵉ éd. revue et corrigée, Paris, Berger-Levrault, 1981-1989.

VIDA Marc-Jérôme, *Poétique*, (1527), trad. de J. F. Barrau, Paris, Debray et Bachelier, 1808.

ÉTUDES CRITIQUES

ADHÉMAR, « Ronsard et l'école de Fontainebleau », *BHR*, XX, 1958, p. 344.

Aspects de la poétique ronsardienne, Actes du colloque de Caen, 1985, pub. sous la direction de Ph. Lajarte, Université de Caen, 1989.

BALAVOINE Claudie, *La Statue et l'empreinte, la poétique de Scaliger*, études réunies par C. Balavoine et P. Laurens, Paris, Vrin, 1986.

– *Le Modèle à la Renaissance*, Paris, Vrin, 1986.

BELLENGER Yvonne, « Le paysage sentimental des *Amours* de Ronsard », *Revue des Amis de Ronsard*, I, 1988, p. 97-114.

CAVE Terence, *The Cornucopian Text, Problems of Writing in the French Renaissance*, Oxford, Clarendon Press, 1979; *Cornucopia. Figures de l'abondance au XVIᵉ siècle*, trad. de l'anglais par G. Morel, Paris, Macula, 1997.

– «Mythes de l'abondance et de la privation chez Ronsard», *Cahier de l'Association Internationale des Études Françaises*, XXV, 1973.

CASTOR Grahame, *La Poétique de la Pléiade. Etude sur la pensée et la terminologie du XVIe siècle*, trad. par Y. Bellenger, Paris, Champion, 1998.

CÉARD Jean, *La Nature et les prodiges*, Genève, Droz, 1977; Genève, Droz, 1996.

– «*Les Hymnes* de Ronsard», dans *Cahiers «Textuel»*, n° 1, 1985, p. 83 à 99.

– «Les mythes dans les *Hymnes* de Ronsard», dans *Les Mythes poétiques au temps de la Renaissance*, sous la direction de M. T. Jones-Davies, Paris, Touzot, 1985, p. 21-34.

– «Cosmologie et politique: la paix dans l'œuvre et dans la pensée de Ronsard», dans *Ronsard et les éléments,* études réunies par M. Dassonville, French Forum Publ., 1989, p. 41-55.

– «Cadres cosmologiques de la poésie ronsardienne des éléments», dans *Ronsard et les éléments*, Actes du colloque tenu les 14 et 15 avril 1989 à la Faculté des Lettres de l'Université de Neuchâtel, textes réunis par A. Gendre, Faculté des Lettres de Neuchâtel, Genève, Droz, 1992.

CHASTEL André, *Mythe et crise de la Renaissance*, Genève, Skira, 1989.

CLEMENT N. H., «Nature and the Country in Sixteenth and Seventeenth Century French Poetry», *PMLA*, 1929, t. 44, 1929.

CURTIUS Ernest Robert, *La Littérature européenne et le Moyen Age latin,* trad. de l'allemand par J. Bréjoux, Paris, PUF, 1956.

DELLEY Gilbert, *L'Assomption de la nature dans la lyrique française de l'âge baroque*, Berne, H. Lang, 1969.

DESGUINE André, *Etude des Bacchanales ou le folastrissime voyage d'Hercueil*, Genève, Droz, 1953.

DEMERSON Guy, *La Mythologie classique dans l'œuvre lyrique de La Pléiade*, Genève, Droz, 1972.

DUBOIS Claude-Gilbert, *Mythe et langage au XVIe siècle*, Bordeaux, Ducros, 1970.

– *L'Imaginaire de la Renaissance*, Paris, PUF, 1985.

FARAL Edmond, *Les Arts poétiques du XIIe et du XIIIe siècles*, Paris, Champion, 1958.

FENOALTEA Doranne, *Du Palais au jardin. L'Architecture des Odes de Ronsard*, Genève, Droz, 1990.

FRANCHET Henry, *Le Poète et son œuvre d'après Ronsard*, Paris, Champion, 1923; rééd., Genève, Slatkine, 1969.

FRIEDLAENDER Walter, *Maniérisme et antimaniérisme dans la peinture italienne*, Columbia University Press, 1957; trad. par J. Bouniort, Paris, Gallimard, 1990.

FUMAROLI Marc, *L'Âge de l'éloquence. Rhétorique et «res literaria» de la Renaissance au seuil de l'âge classique*, Genève, Droz, 1980.

GALAND-HALLYN Perrine, «*Enargeia* maniériste, *Enargeia* visionnaire des prophéties du Tibre au Songe d'Océan», *BHR*, 1991, t. LIII, p. 305-328.

– «Maître et victime de la docte variété», Europe, n° 765-766, *Virgile*, Paris, janv.-fév. 1993.

– «Les portes de Vénus: tout un programme dans les *Stanze* d'Ange Politien», dans *Récits/Tableaux*, textes réunis par L. Guillerm, F. Lestringant, J.-C. Dupas, Lille, Travaux et Recherches InterUniversitaires de Lille, 1994.

– *Le Reflet des fleurs*, Paris, Droz, 1994.

– *Les Yeux de l'éloquence. Poétiques humanistes de l'évidence*, Paris, Paradigme, 1995.

GIRAUD Yves, *Le Paysage à la Renaissance*, études réunies et publiées par Y. Giraud, Fribourg, Editions Universitaires, 1988.

GORDON Alexander L., *Ronsard et la rhétorique*, Genève, Droz, 1970.

GOYET Francis, *Le Sublime du lieu commun*, Paris, H. Champion, 1995.

HUCHON Mireille, «Le palimpseste de l'*Abbrégé de l'Art poëtique François*», dans *Aspects de la poétique ronsardienne*, Actes du colloque de Caen, 1985, publié sous la direction de Ph. Lajarte, Université de Caen, 1989, pp. 113-128.

– «*Amadis*, 'parfaicte idée de nostre langue françoise'», *Les Amadis en France au XVIᵉ siècle*, Dix-septième Colloque International, sous le patronage de l'Université de Paris-Sorbonne, Université de Paris-Sorbonne, mars 1999.

JEANNERET Michel, *Perpetuum mobile. Métamorphoses des corps et des œuvres, de Vinci à Montaigne*, Paris, Macula, 1998.

JOUKOVSKY Françoise, *La Gloire dans la poésie française et néo-latine du XVIᵉ siècle*, Genève, Droz, 1969.

– *Paysages à la Renaissance*, Paris, PUF, 1974.

– «Ronsard 'fantastique' dans les hymnes des saisons», dans *Ronsard et l'imaginaire*, ét. réunies par M. Dassonville et présentées par R. Aulotte, Florence, Olschki, 1986.

– F. et P. Joukovsky, *A travers la galerie François Iᵉʳ*, Paris, Champion, 1992.

– *Le Renaissance bucolique*, Paris, Flammarion, 1994.

LAURENS Pierre, *La Statue et l'empreinte. La poétique de Scaliger*, études réunies par C. Balavoine et P. Laurens, Paris, Vrin, 1986.

L'Ecole de Fontainebleau, exposition du Grand Palais, oct. 1972, Paris, éd. de Musées nationaux, 1972.

LECOQ Anne-Marie, «*Queti et musis Henrici II. Gall. R.* sur la grotte de Meudon», dans *Le loisir lettré à l'âge classique*, essais réunis par M. Fumaroli, Ph. J. Salazar et E. Bury, Genève, Droz, 1996.

LECOINTE Jean, *L'Idéal et la différence. La perception de la personnalité littéraire à la Renaissance*, Genève, Droz, 1993.

—«Structures hiérarchiques et catégories critiques à la Renaissance», *BHR*, t. LII, Genève,1990, p. 529-60.

Le Paysage à la Renaissance, études réunies par Y. Giraud, Fribourg, Etudes Universitaires, 1988.

MAC GOWAN Margaret, *Ideal Forms in the Age of Ronsard*, Berkeley, Los Angeles, London, University of California Press, 1985.

MAGNIEN Michel, « Anacréon, Ronsard, et J. C. Scaliger », *Mélanges sur la littérature de la Renaissance : à la mémoire de V.-L. Saulnier*, Genève, Droz, 1981.

MATHIEU-CASTELLANI Gisèle, « Vérité, fiction, histoire, poésie dans le discours préfaciel de Ronsard », dans *Les Hymnes de Ronsard, Cahiers Textuels 34/44*, 1985, n° 1.

MÉNAGER Daniel, *Ronsard le Roi, le Poète et les Hommes*, Genève, Droz, 1979.

MOSS Ann, « Ronsard et la poétique du lieu commun », dans *Ronsard en son quatrième centenaire*, Actes du colloque international, publiés par Y. Bellenger, J. Céard, D. Ménager, M. Simonin, Paris-Tours, 1985, Genève, Droz, 1988.

PANOFSKI Erwin, *Idea*, trad. par H. Joly, 1re éd. 1983 ; Paris, Gallimard, 1989.

PANTIN Isabelle, *La Poésie du ciel en France dans la seconde moitié du XVIe siècle*, Genève, Droz, 1995.

PY Albert, *Imitation et Renaissance dans la poésie de Ronsard*, Paris, Droz, 1984.

QUAINTON Malcolm, *Ronsard's Ordered Chaos*, Manchester, Manchester University Press, 1980.

RAYMOND Marcel, *L'Influence de Ronsard sur la poésie française*, Paris, Champion, 1927.

– *La Poésie française et le maniérisme*, Genève, Droz, 1971.

RIBON Michel, *L'Art et la nature*, Paris, Hatier, 1988.

RIGOLOT François, *Le Texte de la Renaissance : des rhétoriqueurs à Montaigne*, Genève, Droz, 1982.

Ronsard en son IVe centenaire, Actes du colloque international, publiés par Y. Bellenger, J. Céard, D. Ménager, M. Simonin, Paris-Tours, 1985, Genève, Droz, 1988.

Ronsard et les éléments, Actes du colloque tenu les 14 et 15 avril 1989 à la Faculté de Lettres de l'Université de Neuchâtel, textes réunis par A. Gendre, Faculté de Lettres de Neuchâtel, Genève, Droz, 1992.

Ronsard et l'imaginaire, études réunies par M. Dassonville et présentées par R. Aulotte, Studi di letteratura francese, XII, Florence, Olschki, 1986.

ROGERS Hoyt, *The Poetics of Inconstancy. Etienne Durand and the End of Renaissance Verse*, Chapel Hill, University of North Carolina Press, 1998.

SILVER Isidore, *The Intellectual Evolution of Ronsard*, III, Part I, *Ronsard's Philosophic Thought. The Evolution of Philosophy and Religion from their Mythical Origins*, Genève, Droz, 1992.

SIMONIN Michel, « 'Poésie est un pré', 'Poème est une fleur' : métaphore horticole et imaginaire du texte à la Renaissance », dans *La Letteratura e i giardini*, Atti del Convegno Internationale di Studi di Verona-Garda, 2-5 ottobre 1985, Firenze, L. S. Olschki editore 1987.

– « Ronsard et la poétique des *Œuvres* », dans *Ronsard en son IVe centenaire*, Actes du colloque international, publiés par Y. Bellenger, J. Céard, D. Ménager, M. Simonin, Paris-Tours, 1985, Genève, Droz, 1988.

VASSELIN Martine, « L'Antique dans le paysage de l'école de Fontainebleau », dans *Le Paysage à la Renaissance*, études réunies et publiées par Y. Giraud, Editions Universitaires de Fribourg, Fribourg, 1988.

WEBER Henri, *La Création poétique en France, de Maurice Scève à Agrippa d'Aubigné*, Paris, Nizet, 1956.

INDEX DES NOMS

INDEX RONSARDIEN

TABLE DES MATIÈRES

Cahiers d'Humanisme et de Renaissance
(Anciennement Etudes de philologie et d'Histoire)

Dernières publications

Malcolm C. SMITH, *Montaigne and Religious Freedom. The Dawn of Pluralism*. 1991, 264 p.

Guillaume COLLETET, *Vie d'Etienne Dolet*. Edition établie par Michel Magnien d'après le ms. BN., N.A.F. 3073. 1992, 96 p.

Guillaume POSTEL et Jean BOULAESE, *De summopere (1566) et Miracle de Laon "en cinq langues" (1566)*. Edition critique, traduction et notes par Irena Backus. 1995, XXXVIII-140 p.
ISBN : 2-600-00092-5

Malcolm C. SMITH, *Ronsard & Du Bellay versus Beze. Allusiveness in Renaissance Literary Texts*. 1995, II-146 p.
ISBN : 2-600-00099-2

Le Contrôle des idées à la Renaissance. Actes du colloque de la FISIER tenu à Montréal les 1er et 2 septembre 1995. Edité par J. M. De Bujanda. 1996, 184 p.
ISBN : 2-600-000180-8

Jean-François GILMONT, *Jean Calvin et le livre imprimé*. 1997, 416 p.
ISBN : 2-600-000205-7

Eros et Priapus. Erotisme et obscénité dans la littérature néo-latine. Etudes réunies et présentées par Ingrid De Smet et Philip Ford. 1997, XVIII-190 p.
ISBN : 2-600-000241-3

Brigitte ROUX, *Les Dialogues de Salmon et Charles VI. Images du pouvoir et enjeux politiques*. 1998, 16 ill. coul., 43 ill. noir/blanc, II-178 p.
ISBN : 2-600-000264-2

Calvin et ses contemporains. Actes du colloque de Paris d'octobre 1995. Édité par Olivier Millet. 1998, VI-314 p.
ISBN : 2-600-000255-3

Terence CAVE, *Pré-Histoires. Textes troublés au seuil de la modernité*. 1999, 200 p.
ISBN : 2-600-000312-6

Ullrich LANGER, *Vertu du discours, discours de la vertu. Littérature et philosophie au XVIe siècle en France*. 1999, 208 p.
ISBN : 2-600-000320-7

Leon Battista ALBERTI, *Descriptio Urbis Romæ*. Edition critique, traduction et commentaire par Martine Furno et Mario Carpo. 2000, 200 p.
ISNB : 2-600-00396-7

Mise en pages:
Atelier Perrin – CH-2014 Bôle

Impression:
Imprimerie Médecine & Hygiène
CH-1225 Chêne-Bourg

Janvier 2000